विजय तेन्दुलकर

जन्म 6 जनवरी, 1928। मराठी के आधुनिक नाटककारों में शीर्षस्थ विजय तेन्दुलकर अखिल भारतीय स्तर पर प्रतिष्ठित एक महत्त्वपूर्ण नाटककार हैं। 50 से अधिक नाटकों के रचयिता तेन्दुलकर ने अपने कथ्य और शिल्प की नवीनता से निर्देशकों और दर्शकों, दोनों को बराबर आकर्षित किया। पूरे देश में उनके नाटकों के अनुवाद एवं मंचन हो चुके हैं। हिन्दी में उनके 30 से अधिक नाटक खेले जा चुके हैं।

'खामोश! अदालत जारी है', 'घासीराम कोतवाल', 'सखाराम बाइंडर', 'जाति ही पूछो साधु की' और 'गिद्ध' आदि बहुचर्चित-बहुमंचित नाटकों के अलावा उनकी प्रमुख नाट्य रचनाएँ हैं : 'अंजी', 'अमीर', 'कन्यादान', 'कमला', 'चार दिन', 'नया आदमी', 'बेबी', 'मीता की कहानी', 'राजा माँगे पसीना', 'सफर', 'नया आदमी', 'हत्तेरी किस्मत', 'आह', 'दंभद्वीप', 'पंछी ऐसे आते हैं', 'काग विद्यालय', 'कागजी कारतूस', 'नोटिस', 'पटेल की बेटी का ब्याह', 'पसीना-पसीना', 'महंगासुर का वध', 'मैं जीता मैं हारा', 'कुत्ते', 'श्रीमंत' आदि।

विजय तेन्दुलकर के नाटकों में मानव जीवन की विषमताओं, स्वाभाविक व अस्वाभाविक यौन सम्बन्धों, जातिगत भेदभाव और हिंसा का यथार्थ चित्रण मिलता है। उनके अधिकांश पात्र मध्यम एवं निम्न मध्यमवर्ग के होते हैं और उनके विभिन्न रंग इन नाटकों में आते हैं।

निधन : 19 मई, 2008

वसंत देव

जन्म 28 सितम्बर, 1929, झाँसी, (उत्तर प्रदेश)। मातृभाषा मराठी। शिक्षा : एम.ए. (हिन्दी)। वसंत देव की ख्याति का मुख्य आधार उनके द्वारा हिन्दी में मराठी नाटाकों के लिए किए गए अनुवाद हैं। आपने आचार्य अत्रे, वसंत कानेटकर, पु.शि. रेगे, विजय तेन्दुलकर, महेश एलकुंचार, सतीश आलेकर आदि नाटककारों के नाटकों के अनुवाद किए हैं। सहज और चुस्त भाषा तथा स्वाभाविक अभिव्यक्ति के कारण वसंत देव के अनुवाद अत्यंत लोकप्रिय हुए हैं और उन्हें अनुवादक के रूप में यश प्राप्त हुआ है।

घासीराम कोतवाल

विजय तेन्दुलकर

अनुवाद
वसंत देव

राजकमल पेपरबैक्स

राजकमल पेपरबैक्स में
पहला संस्करण : 2007
दसवाँ संस्करण : 2023

राजकमल पेपरबैक्स : उत्कृष्ट साहित्य के जनसुलभ संस्करण

राजकमल प्रकाशन प्रा.लि.
1-बी, नेताजी सुभाष मार्ग, दरियागंज
नई दिल्ली-110 002
द्वारा प्रकाशित

शाखाएँ : अशोक राजपथ, साइंस कॉलेज के सामने, पटना-800 006
पहली मंजिल, दरबारी बिल्डिंग, महात्मा गांधी मार्ग, प्रयागराज-211 001

वेबसाइट : www.rajkamalprakashan.com
ई-मेल : info@rajkamalprakashan.com

यश प्रिंटोग्राफिक्स
नोएडा-201 301 (उत्तर प्रदेश)
द्वारा मुद्रित

मूल्य : ₹ 150

GHASIRAM KOTWAL
Play by Vijay Tendulkar
Translated by Vasant Dev

ISBN : 978-81-267-1345-5

लेखक का वक्तव्य

'घासीराम कोतवाल' ऐतिहासिक नाटक नहीं है। वह एक नाटक है, सिर्फ नाटक !

नाटक सिर्फ नाटक ही होता है। एक साहित्यिक कलाकृति के सन्दर्भ में यह कहना कि वह ऐतिहासिक है, या पौराणिक है, या सामाजिक है, बेमानी है। समय बहुत जल्दी सामाजिक को ऐतिहासिक और ऐतिहासिक को पौराणिक बना देता है।

फिर भी इस नाटक की सामग्री—कच्चा मसाला—इतिहास से बटोरी गई है। इतिहास का क्षीण-सा आधार अवश्य लिया गया है। पर, इसके आगे नाटक का इतिहास से कोई सम्बन्ध नहीं है। और यह कच्चा मसाला भी ठीक उसी तरह इतिहास से लिया गया है, जिस तरह समसामयिक जीवन-स्थितियों से भी लिया जाता है। महाराष्ट्र में पेशवाओं का राज था, नाना फड़नवीस पेशवा के प्रधान थे, कोई एक घासीराम था, ब्राह्मण थे, मराठा सरदार थे, और ये सब ईकाइयाँ अपने-अपने दायरे में बँधी समय के प्रवाह में लकड़ी के लट्ठे की भाँति कभी सटकर तो कभी हटकर, कभी परस्पर को छूती तो कभी टकराती अप्रतिहत प्रवाहित हो रही थीं। उनका यह कार्य-करण उचित था या अनुचित या उनका मूलभूत अस्तित्व सार्थकतायुक्त था अथवा नहीं, इसकी खोजबीन करना इतिहास का शोध करनेवाले व्यक्ति का काम हो सकता है, नाटककार का नहीं। मैं इसी कारण 'घासीराम कोतवाल' को अनैतिहासिक नाटक मानता हूँ।

'घासीराम कोतवाल' एक किंवदन्ती, एक जनश्रुति, एक दन्तकथा है। और दन्तकथा का एक अपना रचना-विधान होता है : झीने यथार्थ को जब हम अपनी नैतिकता से रंजित कर कल्पना की सहायता से पुनरुज्जीवित करते हैं तो एक दन्तकथा बन जाती है। दन्तकथा गप्प भी है और देखने की दृष्टि हो तो एक दाहक अनुभव भी। दाहक

अनुभव ही रचनात्मक साहित्य बन पाता है, इसमें कोई सन्देह नहीं है। परन्तु दन्तकथा क्या होती है और कैसी होती है, इससे ज्यादा महत्त्व की बात यह है कि हम उसे किस तरह लेते हैं, क्योंकि तभी हम अपनी जाँच-पड़ताल करते हैं। जाहिर है कि यही काम सबसे मुश्किल होता है, एक गहरी चुनौती है वह। उसे स्वीकारना अपनी साहित्य-निष्ठा का परिचय देना है।

मेरी निगाह में 'घासीराम कोतवाल' एक विशिष्ट समाज-स्थिति की ओर संकेत करता है। वह समाज-स्थिति न पुरानी है और न नई। न वह किसी भौगोलिक सीमा-रेखा में बँधी है, न समय से ही। वह स्थल-कालातीत है, इसलिए 'घासीराम' और 'नाना फ़ड़नवीस' भी स्थल-कालातीत हैं। समाज-स्थितियाँ उन्हें जन्म देती हैं, देती रहेंगी। किसी भी युग का नाटककार उनसे अछूता नहीं रह पाएगा। अपनी प्रकृति के अनुसार वह कभी भव्य-भीषण रूप देकर उन्हें मंच पर उतारेगा तो कभी नृत्य-संगीतमय बनाकर प्रस्तुत करेगा। मैंने जान-बूझकर दूसरी रीति अपनाई है। लोकनाट्य का लचीलापन विख्यात है और दन्तकथा के प्रस्तुतीकरण के लिए सबसे अधिक उपयोगी है। उसमें एक पात्र विशिष्ट मनोवृत्ति का प्रतिनिधि बनकर उभरता है, और वह मनोवृत्ति एकदम प्रत्यक्ष तथा परिपूर्ण और अमिश्रित होती है। सतही संश्लिष्टता के रहते हुए भी वह आम दर्शक के सामने बराबर उजागर होकर रहती है। इसके अतिरिक्त उसका अपना एक भदेसपन भी होता है जो भाषा और तमाशा के स्तरों पर स्वयमेव अवतीर्ण होता है। लोकनाट्य की इस विशिष्टता को मैं क्यों छोड़ देता ?

लेकिन रचनाकार को अपनी रचना के विषय में ज्यादा नहीं बोलना चाहिए, रचना स्वयं बोलती है, और वही सत्य है।

—विजय तेन्दुलकर

निर्देशक का वक्तव्य

इस नाटक में घासीराम और नाना फड़नवीस का व्यक्ति-संघर्ष प्रमुख होते हुए भी तेन्दुलकर ने इस संघर्ष के साथ-साथ अपनी विशिष्ट शैली में तत्कालीन सामाजिक एवं राजनैतिक स्थिति का मार्मिक चित्रण किया है। परिणामतः सत्ताधारी वर्ग और जनसाधारण की सम्पूर्ण स्थिति पर काल-अवस्थापन के अन्तर से विशेष वास्तविक अन्तर नहीं पड़ता। घासीराम हर काल और समाज में होते हैं और हर उस काल और उस समाज में उसे वैसा बनानेवाले और बनाकर मौका ताक उसकी हत्या करनेवाले नाना फड़नवीस भी होते ही हैं—वह बात तेन्दुलकर ने अपने ढंग से प्रतिपादित की है।

नाना ने घासीराम का उपयोग बड़ी धूर्तता से किया है। पर जब उनका रचा 'राक्षस' पलटकर उन्हीं को चुनौती देने लगता है तो नाना ही उसे नष्ट भी कर देता है। इस दृष्टि से यह नाटक नाना फड़नवीस का ही है, इसमें शक नहीं।

घासीराम एक प्रकार से एक प्रसंग मात्र है जिसे तेन्दुलकर ने अपने वक्तव्य की अभिव्यक्ति का एक निमित्त, एक साधन बनाया है। 'घासीराम कोतवाल' नाटक में नाना फड़नवीस और तत्कालीन पतनोन्मुख समाज के चित्रण द्वारा (जो समय और स्थान की सीमा में नहीं बँधे—जैसा मैं पहले कह चुका हूँ) कुछ राजनीतिक और विशेष सामाजिक स्थितियों के विषय में तेन्दुलकर को कुछ सत्य उजागर करने हैं जो सनातन हो गए हैं।

इतिहास के नाना फड़नवीस बौद्धिक प्रखरता से तड़पती हुई शक्ति के रूप में प्रतिष्ठित हैं। किन्तु इस नाटक में केवल घासीराम कोतवाल के प्रसंग की सीमा में घिरे होने के कारण उनका व्यक्तित्व इकहरा दिखाई पड़ता है, उसके दूसरे आयाम सामने नहीं आते। अप्रत्यक्ष रूप से तेन्दुलकर ने इसका भी उसी तरह उपयोग किया है जैसा लोक

नाटकों में होता है जहाँ चरित्र आमतौर पर एक या दो आयामवाले ही होते हैं। इसीलिए एक प्रसिद्ध मराठी समीक्षक ने इस नाटक को बहुत कुछ पारम्परिक भारतीय नाट्य-रूप उपरूपक जैसा बताया है।

मैंने अपनी प्रस्तुति में इसी बात को केन्द्रीय सूत्र के रूप में माना है। नाटक देखते समय दर्शकों के मन में अनजाने ही यह बात उतरती जानी चाहिए कि सारे-का-सारा समाज ही ढह रहा है, चुक रहा है। यह बात अप्रत्यक्ष नहीं होनी चाहिए। इस नाटक की रचना मराठी रंगमंच के लिए एकदम नई होने के कारण उसके अभिप्रेत अर्थ को मनचाही अप्रत्यक्ष पद्धति से व्यक्त करने में मुझे बड़ी सुविधा हुई।

किसी प्रतिष्ठित नाटककार ने लोकनाट्य के स्वरूप में कोई नाटक पहले ढाला नहीं था, इसलिए मैं लोकनाटक के लचीले लोचपूर्ण शिल्पतन्त्र का उपयोग क़ई प्रकार से खुलकर कर सका।

आदमियों के झूलते परदे की कल्पना रंगमंच के लिए अद्‌भुत है। इस नाटक की सबसे बड़ी युक्ति भी यही है। बारह ब्राह्मण कोरस के रूप में कथा-प्रवाह सँभालते हैं। आवश्यकतानुसार तात्कालिक इकहरी भूमिकाएँ भी निभाते हैं। यह परदा दो खंडों में बँटता है और क्षण-भर में समाज के कई-कई घटकों, ईकाइयों के प्रतिरूप में ढल जाता है। घासीराम को कोतवाल के रूप में स्थापित करनेवाला यही परदा घासीराम के वध के समय रुष्ट ब्राह्मणों के रूप में रंगमंच पर दीखता है। *श्री गजराज नर्तन करैं* गानेवाला यही परदा गणपति-वन्दना द्वारा लोकनाट्य से अपना सम्बन्ध जोड़ता है। कलाकार और भूमिका के बीच एक सूक्ष्म और तरल सम्बन्ध लोकनाट्य की विशिष्टता है। मैंने अपने प्रदर्शन को किसी विशेष लोकशैली में नहीं बाँधा वरन् दशावतार, भारुड़, खेला, तमाशा, पोवाड़ा, वाध्यामुरली, कीर्तन आदि शुद्ध मराठी लोककलाओं का मिश्रित उपयोग किया है। सरस्वती, लक्ष्मी, गणपति द्वारा दशावतारी आरम्भ होता है। इस समय की आरती के थाल को ही बाद में कीर्तन के समय काले टीके (बुक्का) के लिए उपयोग कर इन विभिन्न शैलियों में साम्य दिखाने का मैंने प्रयत्न किया है।

ब्राह्मण-वेशधारी कलाकार प्रेक्षागृह से होकर रंगमंच पर आते हैं। इस प्रकार आत्मीयता उत्पन्न होने के कारण प्रदर्शन का लोकनाट्य-रूप दर्शकों के मानसिक स्तर तक अधिकाधिक सम्प्रेषित हो जाता है।

नाटक के पहले अंक की गति दूसरे अंक की अपेक्षा धीमी है।

लोक नाट्य के बाह्य स्वरूप में ऐतिहासिक व्यक्ति को स्थापित होने में समय लगना स्वाभाविक ही है क्योंकि यह सर्वथा नया अनुभव है। नाना फड़नवीस सरीखे इतिहास-पुरुष का रंगमंच पर नृत्य-तालबद्ध होकर आना मराठी दर्शक के लिए निश्चय ही धक्का पहुँचानेवाला अनुभव था। इसलिए दर्शक को इस बात का विश्वास दिलाना था कि इस नाटक का पात्र नाना फड़नवीस एक लोकनाटकीय चरित्र मात्र है–ऐतिहासिक नाटकों का प्रामाणिक, सम्पूर्ण व्यक्तित्व नहीं। कुछ समीक्षकों की दृष्टि में यह बात बहुत धीमे-धीमे स्थापित हुई। किन्तु मुझे लगा कि खोखले समाज को निर्देशित कर उसमें नाना के स्थान और कोतवाली हासिल करने के लिए घासीराम द्वारा नाना के उपयोग की प्रक्रिया आदि का दिग्दर्शन विस्तारपूर्ण होना ही चाहिए था।

दूसरे अंक की गति तेज थी। पूना के ब्राह्मणों पर अत्याचार करनेवाला घासीराम, उसका प्रतिशोध, उस प्रतिशोध के कारण घासीराम का राक्षस में रूपान्तरित होना, आदि अग्निपरीक्षा के दृश्य तक जाकर स्थापित होता है।

नाना के विवाह से लेकर गौरी की मृत्यु तक घासीराम बहुत बेचैन है लेकिन उसकी बेचैनी नराधम की है। वह ब्राह्मणों को कोठरी में घोंट कर मारना नहीं चाहता था लेकिन नराधम घासीराम की हत्या उसके अप्रत्यक्ष अपराध का ही फल है–नियति के इस विरोधाभास को तेन्दुलकर ने प्रभावशाली ढंग से निरूपित किया है। नियति का ऐसा प्रतिशोध अनेक ऐतिहासिक खलनायकों के प्रसंग में मिलता है।

घासीराम की हत्या के बाद नाना का चतुराई-भरा भाषण धूर्त्तता और कूटनीति से पूर्ण होने के कारण उनके प्रभुत्व का विलक्षण प्रभाव उत्पन्न करता है और नाना फड़नवीस पुनः नाटक के केन्द्र में आ जाते हैं।

इस नाटक का अंग्रेज पात्र एक दर्शक (ऑब्जर्वर) मात्र है। नाटक के अन्त में वह पिछली चौकी पर बाईं ओर प्रकाशवृत्त में खड़ा है। नीचे घासीराम की हत्या के बाद सामूहिक उत्सव हो रहा है। यह पूना के भावी इतिहास का महत्त्वपूर्ण पूर्वाभास है। यही अंग्रेज घासीराम के कोतवाली प्राप्त करने के समारोह के समय भी एक कोने में खड़ा होकर उसका साक्षी बनता है।

मैंने पहली बार जब यह नाटक पढ़ा तो लगा यह नाटक संवाद-प्रधान नहीं, अपेक्षाकृत दृश्य-प्रधान है। मुझे ऐसे ही दृश्य-बिम्बों

(विजुअल्स) द्वारा प्रभाव उत्पन्न करनेवाले नाटक की तलाश थी। दूसरी बात बहुत दिनों से मेरे मन में यह थी कि फिल्मों में दूरवर्ती (लौंग-शॉट), मध्यवर्ती (मिड शॉट) और समीपवर्ती (क्लोज-अप) चित्रों की तीन-चार दूरियों और उनके सम्मिश्रण के शिल्प और चातुर्य से जो विशेष प्रभाव उत्पन्न किया जाता है, वह रंगमंच पर भी क्यों न हो ? यह नाटक संवाद, नृत्य, संगीत, गति, पात्र, दृश्य आदि अनेक खंडों के योग से अग्रसर होता है। इन सबको जोड़नेवाला सूत्र भी जबरदस्त है। इन सब तत्त्वों के साथ ही यह नाटक 'पूर्ण' लगता है, अतएव काल्पनिक कैमरा हाथ में लेकर ही मैंने इसे साकार करने का प्रयत्न किया। प्रकाश-योजना द्वारा रंगमंच को विभाजित कर दूर और पास के अनेक वांछित प्रभाव रंगमंच पर उत्पन्न किए।

गति और समूहन आदि को मैंने कागजी तैयारी में ही निर्धारित कर लिया था। मेरी पद्धति में नाटक की प्रदर्शन-प्रति के हर पृष्ठ पर प्रसंग के रेखाचित्र पहले से तैयार रहते हैं। इस नाटक के साठ-पैंसठ पात्रों की गतियाँ स्वतःस्फूर्त न हों वरन् पूर्व-नियोजित रहें, इसके लिए मैं पूरी तरह तैयार था। इन पात्रों की गति-शैली कठपुतलियों की तरह अपेक्षित थी।

चरित्र की दृष्टि से मैंने जो घासीराम चुना, वह कद में छोटा था। आसपास के 'प्रचंड' व्यक्तियों में वह बौना ही लगना भी चाहिए था। नृत्य-गतियाँ सरल और सहज किन्तु लयबद्ध थीं। शास्त्रीय नृत्य का प्रयोग इस लोकनाट्य में जटिल और अतिपरिष्कृत लगा। नृत्य-गतियों में लोकनाट्य की अनगढ़ ऊर्जा का होना आवश्यक था। घासीराम की नृत्यमय मृत्यु-मात्र को ही स्वतः स्फूर्त (इम्प्रोविजेशन) ढंग से प्रस्तुत किया गया। ढोल और नगाड़े की प्रबल ताल को चन्दावरकरजी[1] ने आगे जाकर विशेष ढंग से बढ़ाया, जिससे दृश्य की भीषणता बढ़ी। नाना की नृत्य-गतियों में संयम और प्रभुता का पुट बरकरार था। मुलगन्दजी[2] ने लावणी को बैठकी लावणी के पदन्यास में ढाला था जो पूरे मराठी रंगवाली थी।

भास्कर चन्दावरकरजी ने संगीत के लिए सिर्फ चमड़े के साज ही लिए और वे भी प्रदर्शन के साथ-साथ बजवाकर, पहले से रिकार्ड करके

---

1. संगीत-निर्देशक
2. नृत्य-निर्देशक

नहीं। उसमें अपवाद मात्र सुन्दरी वाद्य ही था। नाना-गौरी के बाग के दृश्य में और नाना के विवाह के समय सुन्दरी अलग-अलग ढंग से बजाई गई थी। चन्दावरकरजी ऑर्गन नहीं चाहते थे क्योंकि उससे प्रचलित संगीत नाटकों का-सा असर लोक-संगीत में आ जाता। नमन, लावणी, पोवाड़ा, वाध्यामुरली, भारुड़ आदि अपने प्रकृत अनगढ़ ओज के साथ ही गाए गए। गुनगुनाने का उपयोग मराठी रंगमंच पर पहली बार चन्दावरकरजी ने किया। मनुष्यों के हिलते परदे की गुनगुनाहट द्वारा भिन्न-भिन्न भावावेग व्यक्त किए गए।

घासीराम की हत्या के बाद उत्सव होता है और फिर मनुष्यों का परदा सामने आता है। कथा समाप्त हो चुकी है, इसलिए नाना की भूमिका करनेवाला अभिनेता भी इस परदे में सम्मिलित हो जाता है। घासीराम मरा पड़ा है, पर उस अभिनेता के उठने से रसभंग न हो, इसलिए उसे अपवादरूप यथास्थान ही रहने दिया जाता है। तभी सूत्रधार आगे बढ़कर *श्री गजराज नर्तन करें* ध्रुपद को भैरवी के करुण स्वर में गाकर उस 'कलाकार' को श्रद्धांजलि अर्पित करता है। एक प्रकार से लोकनाटक का पूर्ण शिल्प यहाँ दीखता है और नाना जैसे सत्ताधारी व्यक्ति का पंक्ति में आना भी विशेष अर्थ का द्योतक हो जाता है, क्योंकि जैसा पहले बताया गया, अंग्रेज पीछे खड़ा यह सब देख रहा है। मगर लोकनाट्य शिल्प से भी अधिक नाटक का यह रूप अधिक गहरे सोचने को विवश करता है।

घासीराम दर्शकों से सीधे बात करता है, प्रभाव को गहन करने के लिए, जो कि ब्रेख्त के विपरीत है, क्योंकि यहाँ घासीराम कथा-सूत्र में बाधा नहीं डालता, न ही वह प्रभाव को मिटाने का यत्न करता है। यहीं रूढ़ लोकनाट्य से भिन्न शिल्प का प्रयोग तेन्दुलकर ने किया है। वेशभूषा में ऐतिहासिक प्रामाणिकता का आग्रह नहीं बरता गया इससे भी लोक-शैली का प्रभाव जमा रहा। रंगों का चुनाव अवश्य सावधानी से किया गया जिससे समूहन आदि में रंग-मिश्रण की सम्भावना रहे।

अभ्यास तीन-साढ़े तीन महीनों तक हर दिन किया गया। नृत्य, गीत, संवाद सभी का तालमेल साथ-साथ ही चला। मंडली का कोई भी कलाकार व्यावसायिक नर्तक या गायक नहीं था। सभी शौक से आते थे—शौकिया थे। यही नहीं, साठ में से पच्चीस तो ऐसे थे जिन्होंने मंच

पर इससे पहले कभी पाँव भी न रखे थे। किन्तु इनका श्रम, लगन और आत्मविश्वास प्रबल था। लगनशील कलाकार, नृत्य-निर्देशक, संगीत-निर्देशक और निर्देशक के सहयोगी प्रयासकर्म से ही यह अलग ढंग की प्रस्तुति सम्भव हो सकी।[1]

–डॉ. जब्बार पटेल

1. मूल मराठी नाटक का प्रदर्शन 16 दिसम्बर, 1972 को पूना में 'प्रोग्रेसिव ड्रामाटिक एसोसिएशन' द्वारा भरत नाट्य मन्दिर में हुआ। निर्देशक थे डॉ. जब्बार पटेल।

निर्देशक का वक्तव्य

सबसे पहली चीज जिसने मुझमें 'घासीराम कोतवाल' के बारे में गहरी दिलचस्पी पैदा की वह थी–इसमें इनसानी परदे का इस्तेमाल, और यह बात तब की है जब मैंने यह नाटक पढ़ा नहीं था। लेकिन जिन दोस्तों ने पढ़ रखा था उन्होंने इसके बारे में कुछ इस तरह से बात की कि मेरा आकर्षण इस नाटक के प्रति बढ़ता ही गया। यहाँ तक कि जब मैं 'अनामिका' (कलकत्ता) के लिए 'हयवदन' प्रस्तुत करने की तैयारी कर रहा था तो मन में एक हलका-सा विचार आया कि 'हयवदन' में ही इनसानी परदे का इस्तेमाल कर लूँ। लेकिन फिर इस प्रलोभन को मन से हटाया–यह सोचकर कि वहाँ उसका इस्तेमाल अनुचित होगा। यह बात है जुलाई 1972 की, और तब तक भी 'घासीराम कोतवाल' मैंने पढ़ा नहीं था और मुझे यह भी मालूम नहीं था कि मैं इसे कब प्रस्तुत करूँगा।

मार्च 1973 में वसन्त देव का यह श्रेष्ठ अनुवाद मुझे मिला। पहली बार पढ़ने पर मेरी अनोखी प्रतिक्रिया हुई। मैं बहुत उत्तेजित था, क्योंकि मुझे विश्वास था कि इस नाटक में एक बहुत अच्छी प्रस्तुति की सम्भावना है। बहुत डर भी लगा। डर उन समस्याओं के कारण जिनका मैंने उस समय अन्दाजा लगाया–व्यय और अभिनेताओं की समस्याएँ। यह बात अब स्वीकार कर सकता हूँ। मैंने इस तरह का नाटक पहले कभी प्रस्तुत नहीं किया था। एक युगीन नाटक जिसमें गाना है, नाच है और कम-से-कम तीस अभिनेताओं की जरूरत है। आमतौर से ऐसा नाटक शौकिया मंडली की पहुँच से बाहर होता है। मैं यह बात इसलिए कह रहा हूँ कि शौकिया मंडलियों के लिए इतना धन जुटाना, इतने अभिनेता इकट्ठे करना, और अभिनेता भी वे जो गा सकें–नाच सकें–बहुत मुश्किल काम है। हालाँकि वह महत्त्वपूर्ण बात है कि अब तक इस नाटक की दो प्रस्तुतियाँ ही हुई हैं–एक मराठी में और एक

हिन्दी में—और दोनों ही शौकिया मंडलियों के द्वारा। नाटक के मूलभूत गुण ही शायद कारण रहे होंगे जिन्होंने जब्बार पटेल और मुझे यह नाटक प्रस्तुत करने के लिए प्रेरित किया।

यह कथन कि नाटक मंच पर ही पूरी तरह जीवन्त होता है 'घासीराम कोतवाल' पर ही पूरी तरह लागू होता है। यह हो सकता है कि एक बार नाटक पढ़ने के बाद इसका सारा अर्थ ठीक-ठीक पकड़ में न आए। ऐसा हो सकता है कि ध्यान नाना और घासीराम के चरित्रों में उलझकर रह जाए और नाटक के सबसे महत्त्वपूर्ण पहलुओं की ओर ध्यान ही न जाए। इस बात पर बल देना आवश्यक है कि कुछ नाटकों में—शायद महत्त्वपूर्ण सभी नाटकों में—कथावस्तु सबसे कम महत्त्वपूर्ण होती है। इस नाटक में एक अत्याचारी शासक के उत्थान-पतन या एक और अत्याचारी शासक के विलासी इतिहास पर जरूरत से ज्यादा बल नहीं देना चाहिए। वास्तव में इन्हें एक बड़े परिदृश्य के अंशों के रूप में देखना चाहिए। यह बात भी याद रखनी चाहिए कि कुछ नाटकों में कथानक नाटककार के लिए ऐसी खूँटियों से ज्यादा महत्त्व नहीं रखते जिन पर वह कुछ और ही मुद्दे टाँगता है। यह बात 'घासीराम कोतवाल' पर भी लागू होती है। मैं यह सब इसलिए कह रहा हूँ कि मैं भी नाटक को एक बार पढ़ने के बाद इसके पूरे महत्त्व को नहीं पकड़ पाया था और जो पकड़ पाया तो बार-बार पढ़ने और तेन्दुलकर के साथ एक बहुत लम्बी चर्चा के बाद। यहाँ सारा बल एक पतनशील और विलासप्रिय समाज पर है जो घासीरामों को जन्म देता है और उनकी हत्या भी करता है, और साथ ही तानाशाही को एक-दूसरे रूप में सहने के लिए तैयार भी है अगर उसके उलटे-पुलटे मूल्यों को खरोंच न लगे। यही बात है जो नाटक को एक बार पढ़ने के बाद शायद पकड़ में न आए, और यही वह बात है जो दर्शकों तक पहुँचनी चाहिए—अगर नाटक को समकालीन सन्दर्भ में सार्थक होना है।

यही आधार था जिस पर प्रस्तुति अपने सभी अंगों—संगीत, नृत्य, गति तथा वाक्-विन्यास के साथ नियोजित हुई।

यह एक युगीन नाटक है सिर्फ इस एक अर्थ में कि इसका समय अठारहवीं शताब्दी के अन्तिम वर्षों का पेशवा-काल है। लेकिन एक महत्त्वपूर्ण अर्थ में यह नाटक इस काल से परे का है। इस युग का वातावरण बनाना जरूरी था पर मैंने बहुत प्रामाणिकता का प्रयत्न इतना

जरूरी नहीं समझा। सामान्य तौर पर इस युग को निगाह में रखते हुए एच.बी. शर्मा द्वारा वेशभूषा तैयार की गई लेकिन मैंने वेशभूषा और हावभावों की बारीकियों में प्रामाणिकता लाने की कोशिश नहीं की। यह सम्भव है कि जो लोग इस युग के बारे में ज्यादा जानते हैं अगर वे नाटक को इतिहास के एक पाठ के रूप में देखें तो वे निराश होंगे। ऐसे लोग हमेशा होते हैं और सच्चाई यह है कि उनमें से कुछ ने नुक्ताचीनी भी की है। परन्तु मेरा उद्देश्य नाटक को प्रभावशाली बनाना था, न कि ऐतिहासिक शुद्धता रखना। यह बात प्रदर्शन के सभी पहलुओं पर लागू होती है। उदाहरण के लिए संगीत में भी देश-काल को पकड़ने की कोशिश नहीं की गई। मैंने मोहन उपरेती के लोकसंगीत के समृद्ध भंडार का सहारा लिया और प्रस्तुति की पूरी संरचना की दृष्टि से उसी का इस्तेमाल किया जो ज्यादा प्रभावशाली और सार्थक था।

जब प्रामाणिकता की बात कर रहा हूँ तो यहीं यह भी बता दूँ कि प्रस्तुति की पूरी संरचना किसी खास पारम्परिक नाट्य-रूप के अन्तर्गत नहीं आती हालाँकि नाटक में लोकनाट्य के एक से ज्यादा तत्त्वों का उपयोग हुआ है—विशेषकर एक अल्पपरिचित कोंकणी लोकनाट्य-रूप और दशावतार का। परन्तु मैंने अपने-आप को खुला छोड़ दिया और इस प्रक्रिया में ही चीजें सूझती गईं। आज पीछे देखते हुए यह लगता है कि मेरी पृष्ठभूमि और प्रकृतिवाले व्यक्ति के लिए यह निर्णय सही था। इस प्रक्रिया में आलेख से कम-से-कम एक प्रमुख अन्तर आया है जो मुझे फिर इनसानी परदे के इस्तेमाल पर ले आता है। लेकिन इससे पहले दो शब्द दृश्य-बंध के बारे में।

दृश्य बंध (अशोक भट्टाचार्य) मुख्यतः व्यवहार-प्रधान चाहा गया था। यह चारों ओर से ढलानवाला 9×9 का एक चौकोर प्लेटफॉर्म था जो सामने काफी जगह छोड़ते हुए मंच के केन्द्र में रखा था। इसमें मुझे दो धरातल और ब्राह्मण-मंडली के व्यवहार की विभिन्न सम्भावनाएँ दिखीं। हालाँकि वैचारिक दृष्टि से यह भी सम्प्रेषित करने का उद्देश्य था कि यह प्लेटफॉर्म नगर अथवा समाज का प्रतिनिधित्व करनेवाला केन्द्र है, पर दृश्य-बंध के वास्तविक प्रयोग से शायद यह विचार सम्प्रेषित नहीं हुआ।

तो अब इनसानी परदे पर आएँ। आलेख में यह इनसानी परदा बनानेवाले कलाकार कई जगहों पर स्थिर या गतिशील परदा बन जाते

हैं लेकिन प्रदर्शन में इसका इस्तेमाल मूलतः परदे के रूप में नहीं (वस्तुतः केवल तीन-चार जगहों पर ही इसका परदे के रूप में इस्तेमाल हुआ है) बल्कि एक सामूहिक मानवीय उपस्थिति के रूप में हुआ। मेरे विचार में इससे अन्ततः पूरे पतनशील समाज पर बल देने में मदद मिली, न कि किसी एक पात्र पर। कुछ जगहों पर जहाँ आलेख परदे के व्यवहार की माँग करता था, मैंने दो धरातलों पर निश्चलता (फ्रीज) और गति का साथ-साथ प्रयोग किया। इससे एक ओर तो प्रपंची और पुनीत की सन्निधि को रेखांकित करने में मदद मिली और दूसरी ओर उन उलटे-पुलटे मूल्यों को उजागर करने में जो तत्कालीन समाज को संचालित करते थे और निःसन्देह आज के समाज को भी करते हैं।

यहाँ यह कहना आवश्यक है कि प्रस्तुति में रूप-बंध के जो भी परिवर्तन अन्ततः शामिल किए गए वे तेन्दुलकर द्वारा सृजित समृद्ध रूप-बंध के आधार के बिना सम्भव नहीं थे।

–राजेन्दर नाथ

राजिन्दरनाथ द्वारा निर्देशित रा.ना.वि. की प्रस्तुति से कुछ दृश्य

क्रम

'अभियान' दिल्ली द्वारा 'घासीराम कोतवाल' के दिल्ली में 7 अक्टूबर, 1973 को प्रदर्शन के अवसर पर पात्र तथा उनके अभिनेताओं-अभिनेत्रियों के नाम :

समवेत गान : गोविन्द देशपांडे, हरि राज़दान, किरण भट्‌ट, अज़ीज़ कुरेशी, सुधीर टंडन, सुरिन्दर के. शर्मा, वेद प्रकाश, गौतम बैनर्जी, सुशील जुनेजा, गौतम माथुर, अजय मदान, अरूप बैनर्जी, सुधीर पारीक, भूपिन्दर कुमार

सूत्रधार : विनोद अग्रवाल

गणेशजी : बी.सी.शर्मा

सरस्वतीजी : पल्लवी मेहता

लक्ष्मीजी : निनोचका कोठारी

पहला ब्राह्मण : गोविन्द देशपांडे

दूसरा ब्राह्मण : हरि राज़दान

घोड़ीवाला : किरण भट्‌ट

गाड़ीवाला : अज़ीज़ कुरेशी

ताड़ीवाला : सुधीर टंडन

गुलाबा : उषा सुहैल

घासीराम : रामगोपाल बजाज

दो सरदार : अज़ीज़ कुरेशी, सुरिन्दर के. शर्मा

नाना फड़नवीस : शंकर सुहैल

लावनी गायक : सांत्वना

दो ब्राह्मणियाँ : निनोचका कोठारी, पल्लवी मेहता

तीन धतिंगड़े अंग्रेज़ : सुधीर टंडन, गौतम बैनर्जी, सुधीर पारीक, किरण भट्‌ट

तीन ब्राह्मण : सुशील जुनेजा, गौतम माथुर, अजय मदान

एक ब्राह्मण : अरूप बैनर्जी

ललिता गौरी : सुनीता पाल

सिपाही : वेद प्रकाश, अज़ीज़ कुरेशी

नाना का अनुचर : सुधीर पारीक

एक आदमी : सुधीर टंडन

नाना की बीवियाँ : पल्लवी मेहता, निनोचका कोठारी, सिंथिया मसीह, मालविका भट्‌ट

एक औरत : पल्लवी मेहता

लोहार : सुधीर पारीक

नाना की दुल्हिन : निनोचका कोठारी

डोंडीवाला : भूपिन्दर कुमार

नाना के विवाह में स्त्रियाँ : सांत्वना, पल्लवी मेहता, मालविका भट्‌ट, सुनीता पाल, उषा सुहैल

दो ब्राह्मण : सुधीर पारीक, भूपिन्दर कुमार

दो पड़ोसी : किरण भट्‌ट, सुरिन्दर के. शर्मा

पूर्वार्द्ध

एक क़तार में खड़े बारह ब्राह्मण गणेश-वन्दना करते हैं। उसके पश्चात् गणेशजी का नृत्य करते हुए आगमन।

सबलोग : (एक बार इस ओर, दूसरी बार उस ओर झूमकर)

श्री गजराज नर्तन करैं।
हम तो पूना के बाम्हन हरैं॥

इस पदांश को बार-बार दुहराते हैं।

गणेशजी का नृत्य जारी है।

बाम्हन हरैं, नर्तन करैं
श्री गजराज नर्तन करैं
नर्तन करैं धरनि धसमसै
सुमिरन करैं कबित हुलसै
बाजै मृदंग, चढ़ि रह्यौ रंग
तिरलोक दंग, तिरलोक दंग
मैया सरसुती आवै संग। हो ऽ ऽ

सरस्वतीजी थिरकती हुई आती हैं। गणेशजी और सरस्वती मिलकर नाचते हैं।

मैया सरसुती आवै संग
तिरलोक दंग, चढ़ि रह्यौ रंग
श्री गजराज किरपा करैं
सात समन्दर पाहन तिरैं

मैया सरसुती बीना कर धरैं
लछमीजी उत बास करैं
लछमी-सरसुती दोई सौतें
हो ऽऽ दोई ऽऽ सौतें
एक होएँ गजराज चरन पै।

लक्ष्मीजी आकर दोनों के साथ नृत्य करती हैं।

श्री गजराज किरपा कीजै
हम खेल करैं सो जस दीजै।
मंगलमूर्ति मोरया, गणपति बप्पा मोरया
मंगलमूर्ति, गणपति बप्पा—

यही लगातार दुहराते हैं। लय बढ़ाते हैं। 'मोऽरया' के घोष के पश्चात् गणेशजी, लक्ष्मीजी और सरस्वतीजी का प्रस्थान।

पुंडलीक वरदा हाऽरि विट्ठल।
ज्ञानदेव तुकाराम।

लययुक्त स्वर में झूमकर।

श्री गजराज नर्तन करैं
हम तो पूना के बाम्हन हरैं।

सूत्रधार : **(इशारा करके रोककर)** ह्याँ बिराजैं सहर पूना के बाम्हन। आपको हैं सो करें बरनन।

पहला : हम बेदान्त सास्त्री।

सूत्रधार : अहा, आप ?

दूसरा : बैदराज।

तीसरा : तरक सास्त्री।

चौथा : जोतिर्मारतंड।

पाँचवाँ : भासा भिसग।

छठा : हम सरदार।

अन्य : हम श्रिंगेरीवारे।

: हम तनजोरवारे।

: हम रामेसुर।

: हम कुम्भकोणम्।

: हम बनारसवारे।

: हम पूनावारे।

सूत्रधार : आहाहाहा—जै होय प्रिभू, जै होय !

मनुष्यों के इस हिलते परदे के किनारे खड़ा एक ब्राह्मण चोरों की तरह तेजी से जाने लगता है।

सूत्रधार : ओऽ ओऽ ओ म्महाराज—दुबकैं—दुबकैं—

ब्राह्मण : तुपकैं ? कौन की तुपकैं ? फिरंगियन की कै कुरंगियन की ?

सूत्रधार : तुपकैं नाय महाराज, मैं कही दुबकैं-दुबकैं—

ब्राह्मण : हैऽ ऽडरपुक्के ! दुबकैं-दुबकैं काहे ? हम तान छाती जाए रहे।

सूत्रधार : महाराज, पहर भर रात भई, सवारी काँ जाए रही ?

ब्राह्मण : जरा ऐंसेंई !

सूत्रधार : काँ जाएगी गाड़ी ?

ब्राह्मण : नैक अगाड़ी।

सूत्रधार : अगाड़ी काँ तल्लक ?

ब्राह्मण : तैं जानकै कहा करैगा रे भल्लक ? हट आगे तैं हट। अबेर होय रही। **(जाने को होता है।)**

सूत्रधार : ओ ऽ म्महाराज—

ब्राह्मण : तैरे मों पै गिरै गाज ! जब देखो तब बीच में ठाड़ो ! ह्याँ गड़ो, व्हाँ अड़ो ! पाजी !

सूत्रधार : वाही जी ! काँ ठाड़ो ? औ बीच में काहै कै ?

ब्राह्मण : बीच में गैल कै, धी के !

सूत्रधार : कौन की गैल बीच ठाड़ो ?

ब्राह्मण : म्हारी।

सूत्रधार : आपकी गैल काँ चली ?

ब्राह्मण : गैल चली मसान !

सूत्रधार : मैं सोई चलूँगो !

ब्राह्मण : कहैं, मैं सोई चलूँगो ! अरे अक्कलनासी, तैं काहे चलैगा ? व्हाँ मरैगा। तैं तो हई भला-चंगा। हम जाए रहे। तेरी बातन में फँसै, सो धँसै। **(जाने को होता है।)**

सूत्रधार : **(आदमियों के परदे के पीछे से सामने आकर)** ओऽ म्महाराज–

ब्राह्मण : तेरे पेट में होय खाज ! धी के, अब का रहि गयौ ?

सूत्रधार : मसान में जावे की इत्ती जल्दी ?

ब्राह्मण : तैं का जानै वे पोंगा ऐदी !

सूत्रधार : मसान में का होवै है महाराज ?

ब्राह्मण : बाँस, खपच्ची, खपरा, लकरिया–

सूत्रधार : तो मैं जरूरई चलूँगो। मोय चैये चार लकरिया, चूल्हो बारवे कौं–

ब्राह्मण : तो फार तैं तेरी मुइयाँ ! **(जाने को होता है।)**

सूत्रधार : **(रोककर)** मसान में और का मिलत है ?

ब्राह्मण : मसान में भूत मिलत है, भूत !

सूत्रधार : तब तो मैं अबस चलूँगो, मोय चैये चार भूत, बोतल में मूँदवे कौं–

ब्राह्मण : मूँद तैं अपने कौं, अपनै बाप कौं, अपनी मैया कौं, डँसै साँप तो कौं ! **(जाने को होता है।)**

सूत्रधार : अरे, अरे म्महाराज, तनिक सुनियो–

ब्राह्मण : राँड़ के, काहे चिचियाय रह्यो ?

सूत्रधार : चौथौ भूत भगि गया–आप आहौ ? बातल में ? नई, नई, बावनखनी में ? नाच-गाना सुनबै कौं ?

ब्राह्मण : अएँ ? तैं कैसे जानि गयो रे ? ठैर भडुए, तेरे मों में बरता कंडा ठूसूँगो रे–

पीछा करता है। आदमियों के परदे का सहारा लेकर 'खो-खो' का खेल शुरू कर देते हैं। आदमियों का परदा झूम रहा है। एक लय में–'श्री गजराज' वाली लय पर–वही पंक्तियाँ दुहराते हुए। ब्राह्मण उसी परदे के पीछे से चला जाता है। कतार के सिरे का दूसरा रोबीला ब्राह्मण जल्दी-जल्दी जाने लगता है। सूत्रधार बीच में आ जाता है। दोनों टकराते हैं।

ब्राह्मण : ह्य ह्य ह्य ह्य! कौ है तैं भटा आँधरे ? तेरे आँखें हैं कि बटन ?

सूत्रधार : चूक होय गई बाह्मन देवता !

ब्राह्मण : तेरे कछू सरम कि संकोच ?

सूत्रधार : माफी होय म्महाराज !

ब्राह्मण : आँखिन के सामनैं ढक्का मारता है तैं हरामजादा–

सूत्रधार : पाँय लागौं महाराज–

ब्राह्मण : अबे दमबाज, ह्याँ पेसवा कौ राज, कै मुगलन कौ राज ? हम पवित्तर बाम्हन औ तैं भंगी हमैं मारे ढक्का ?

सूत्रधार : पै बाम्हनियन कौं तौ नायँ मारत !

ब्राह्मण : दरपन में सूरत देख कमीने ! उल्टो उस्तरा लैकैं, खुपरिया छिलवाय कैं, गधा पै बिठाय कैं न घुमाहैं तोय ?–बाम्हनियन

को ढक्का मारत–

सूत्रधार : पै गधा हैई नईं महाराज।

ब्राह्मण : गधा हैई नईं ? पेसवा के राज में गधा ई नईं? अरे, तैं पेसवाई का जानै ? मूरख, पेसवा के दिमाक में आवै की देर, एक नईं, सैंकरा मरे गधन की पाँत ठाड़ी दिखाएगी।

सूत्रधार : **(उसकी ओर उँगली से इशारा करके)** ऐंसी पाँत ठाड़ी दिखाएगी। पै बाम्हन देवता, काँ जाए रहे ?

ब्राह्मण : काहे, तैं कौन रे टोकनहारा ?

सूत्रधार : छिमा होय महाराज, ऐंसेंई।

ब्राह्मण : जानहारे कों टोकबू न करै, असगुन है।

सूत्रधार : चूक भई महाराज, आवनहारे कौं टोके में तो हरजा नाएँ ?

ब्राह्मण : नाएँ।

सूत्रधार : महाराज घर तै आय रहे ?

ब्राह्मण : पै बावनखनी तौ जाए रहे–**(चौंककर)** हाय हाय हाय हाय ! गजब होय गयौ रे–हमको अबेर होय रही–दरसनन कौं जाए रहे–

कतार की भीड़ में से चला जाता है। आदमियों का परदा 'श्री गजराज' गाता हुआ झूम रहा है। अब कतार में खड़े दो-तीन शानदार ब्राह्मण आदमियों के परदे के आगे से जल्दी-जल्दी जाने लगते हैं।

सूत्रधार : ओ हो हो हो सरदार घोड़ीवाले, गाड़ीवाले, डाढ़ीवाले, ताड़ीवाले–काँ जाए रहे ?

तीनों : **(एक साथ)** मन्दिर !

सूत्रधार : मन्दिर ? अहाहा मन्दिर ! मन्दिर में ई बखतै का होय रह्यो ?

तीनों : भजन-कीर्तन !

सूत्रधार : कीर्तन में कथा सोई है ?

तीनों : **(एक साथ)** मैनका-बिस्वामित्र की है रे ! साँची !

सूत्रधार : कथाबाचक महाराज को हैं ?

तीनों : महाराज नाहीं, महाराजिन—

तीनों चौंककर चुप हो जाते हैं और मुँह पर हाथ रख लेते हैं।

सूत्रधार : महाराजिन ? महाराजिन कब तैं तथा बाँचन लागी ?

तीनों : **(गड़बड़ाकर)** कथा नाहीं, नाच !

सूत्रधार : नाच ? नाच में कथा कब तैं आए गई ?

तीनों : **(गड़बड़ाकर)** कथा नाएँ, लावनी !

सूत्रधार : लावनी में मैनका-बिस्वामित्र कब तैं आए गए ?

तीनों : **(गड़बड़ाकर)** मैनका-बिस्वामित्र नाहीं रे, तोता-मैना।

सूत्रधार : हजूर लावनी कौं नाच-गावौ मन्दिर में कब तैं होअन लागो ?

तीनों : मन्दिर में नाएँ रे मूरख, बावनखनी में ! बार की खाल काढ़त है तैं ? मुकती थुड़ी-थुड़ी भई। जाए रहे हम, राम-राम !

कतार में खड़े लोगों के सामने से तेजी से चले जाते हैं। लोगों का परदा घटता जाता है और पीठ करके खड़े लोगों की पंक्ति दिखाई देती है।

सूत्रधार : **(मृदंग के ताल सहित)** रात आय गई, पूना कौं
बाम्हन बावनखनी कौं धायो, बावनखनी कौं धायौ,
बावनखनी कौं धायौऽ ऽऽ—
जहानम कौं धायौ—
कीर्तन माँ धायौ—
प्रिभु के दरसन कौं धायौ—
रोज जात सौ आजहुँ धायौ—
बाम्हन बावनखनी कौं धायौ—

पीठ करके खड़े लोगों का स्थिर परदा अब तक तैयार हो चुका है।

परदा बनकर खड़ा जनसमूह : राम सिव हरी
मुकुन्द मुरारी
राधेक्रिस्न हरि
गोबिन्द मुरली
बावनखनी में जी बावनखनी
मथुराजी उतरी–

सूत्रधार मृदंग पर लय पकड़ता है।

सूत्रधार : **(उपर्युक्त गीत के जारी रहते)** बाम्हन बावनखनी कौं धायौ अरु बाम्हनी घरैं रही। बाम्हनी घरैं रही, घरई घर मैं सूल सही। बाम्हनी बाट जौवै, आँखिन मैं रैन नसावै। बावनखनी में गुलाबी नामवारी नामी नचनी रहै। वा नचनी कौं ऊँचो कोठा रहै। कोठा पै कैसे-कैसो तमासो होवै करै!

पीठ करके खड़े लोग : मथुराजी उतरी
बावनखनी में जी बावनखनी
मथुराजी उतरी–

पीठ करके खड़े लोगों का परदा टूट जाता है और बावनखनी का कोठा बन जाता है। एक नचनी नाचती हुई आती है। हाव-भाव सहित श्रृंगारिक नृत्य करती है। उसकी संगत कर रहा है घासीराम, लौंडा बनकर : विवश और हास्यास्पद। लोग श्रृंगारिक चेष्टाएँ करते हुए निचली सतह पर उतर आए हैं। गुनगुनाते हैं : 'मथुराजी उतरी, बाबनखनी में–'

ब्राह्मण : **(नाच समाप्त होते ही जोर-जोर से सीटियाँ बजाते हैं और पगड़ी उछालते हैं।)** बाम्हन-बाम्हनी कौं नाच होवै चैये–बाम्हन-बाम्हनी कौं नाच होवे चैये–

नचनी और घासीराम मुजरा करके परे चले जाते हैं और बाम्हन-बाम्हनी बनकर आते हैं। ब्राह्मण तुन्दिल है, लम्बी चुटिया। लावनी सहित नृत्य। दर्शक ब्राह्मण पगला रहे हैं, कहकहे लगा रहे हैं। लावनी-गीत चल रहा है।

लावनी : आस, तेरी आस, आई मैं पास, मन उदास जरा प्यार करो।
कब आओगे मेरे महल में, दिल खुशहाल करो।

बाकी सब : इसका दिल खुशहाल करो।
कहा चूक भई मैं तो प्रेम रंगहि रसानी
पाऊँ कैसे तोहै तो मैं बहुतहि रीस समानी
कल्हि आए औ चल दिन्हे तुम तो उल्टे पाँओं
तरपत प्रान, फुँकै अरमान, चिता सजानी
अब धीर धराओ।

सूत्रधार : **(जरा शोर थमने पर)** रात चढ़त भई,
रात चढ़त भई
तोप अग्यारा की दगत भई
दो पहर रात ढरि गई, दो पहर रात ढरि गई—

पीठ करके बैठे लोग : **(एकत्र होकर कतार बाँधकर खड़े हो जाते हैं, झूमते हुए गुनगुनाते हैं।)** बाबनखनी में जी बाबनखनी,

मथुराजी उतरी, बावनखनी में जी—

सूत्रधार : बावनखनी में बाम्हन रसलिल्ला करै, अरु बाम्हनी घरैं रहबू करै, बाम्हन रमि रह्यो भजन-कीर्तन मैं, जहानम मसान मैं। बाम्हन चितचाव सों दरसन-परसन करै, तहाँ बाम्हनी वाकी एकान्त-सेबन करै—

'राधे क्रिस्न हरि गोबिन्द मुरली' गुनगुनानेवाले झूमते इनसानी परदे के सामने एक ब्राह्मणी आती है। प्रतीक्षा करती दिखाई पड़ती है। शिन्देशाही पगड़ी धारण कर एक सरदार आता है। काल्पनिक दरवाजे पर दस्तक देता

है। वह दरवाजा खोलती है, सरदार भीतर आ जाता है। दोनों श्रृंगारिक चेष्टाएँ करते हैं और उसी स्थिति में भीतर चले जाते हैं।

सूत्रधार : **(मृदंग थपककर)** ह्याँ बाम्हनी एकान्त-सेबन करैं, व्हाँ बाम्हनन कौ जमावड़ौ गुलाबी मैया कौं दरसन करै—

पीठ करके खड़े लोग : बावनखनी में मथुराजी उतरी, होऽ बावनखनी में—

इनसानी परदे के बीच से पहलेवाले ब्राह्मण-ब्राह्मणी के युग्म का नृत्य दिखाई पड़ता है।

सूत्रधार : ऐसेंई रात चढ़त भई, रात चढ़त भई, आधी रात होवैं कौं आए गईं। वा समै पेसवा के परधान नौकोट नाना सिरीमान, नानासाहबजू फड़नवीस की सवारी गुलाबी के कोठा पै पधारती भई।

इनसानी परदा अब सामने को मुड़ता है, झूमता है और जोर-शोर से गाता है : 'मथुराजी उतरी, होऽ बावनखनी में'। हाथ में चाँदी की मुठियावाली छड़ी लिए, कलाइयों में चमेली का गजरा धारण कर नाना फड़नवीस तालबद्ध नृत्य करता हुआ प्रवेश करता है। इनसानी परदे के पीछे से नचनी नाचती हुई आती है। दोनों नाचते हैं। घासीराम दूर खड़ा है, नृत्य के समय के ब्राह्मण की वेशभूषा में।

समवेत स्वर : राधेक्रिस्न हरि
गोबिन्द मुरली
रामा सिव हरि
मुकुन्द मुरारी—

नाच जारी रहता है। शेष ब्राह्मण भी नृत्य में भाग लेते हैं। घासीराम भी उतरता है मैदान में। धीरे-धीरे यह नृत्यवृन्द पीछे चला जाता है।

अब अनेक ब्राह्मणियाँ और शिन्देशाही पगड़ी धारण किए हुए उनके यार नाचते हुए आते हैं। दोनों वृन्दों के नाच जारी रहते हैं। उसके बाद ब्राह्मणियाँ और उनके यार नाचते हुए भीतर चले जाते हैं।

नाना : **(अचानक एक पाँव उठाकर लँगड़ाते हुए)** हय हय हय हय हय—स्स—हा हा हा हा हा—

गड़बड़ी फैलती है, नाच जारी है : 'राधेक्रिस्न हरि मुकुन्द मुरारी'। नाना पाँव उठाकर नाच रहा है।

सूत्रधार : नाचै—नाचै में कहा भयौ रे—
नानाजू कौं अंग भंग भयौ रे
पाँय ऊँच-नीच गरि गयौ, पाँय मुरचि गयौ—

नाच जोरों से जारी है। समवेत स्वर में गायन भी। ब्राह्मण वेशधारी घासीराम नाना को एक पाँव पकड़कर नाचते और पीड़ा से व्याकुल होते हुए देखकर आगे बढ़ता है और नाना के सामने झुककर उसके पाँव को अपनी पीठ पर धारण करता है।

नाना आराम महसूस करता है। सब लोग आश्चर्य से देखते हैं। नाना घासीराम की पीठ पर एक पाँव रखकर खड़ा है और घासीराम विनम्रता से झुका हुआ है। लोग इशारा करके एक-दूसरे से पूछते हैं कि क्या माजरा है।

सूत्रधार : आपुस में पूछत भए : कहा भयौ ? कैसे भयौ ? काँ भयौ ? गिरि परयौ ? डगमगाय गयौ ? अरबराय गयौ ?—अथवा वाको का नाम, पाएँ रपटि गयौ, टेढ़ौ परि गयौ—

सबलोग : **(नाना से)** श्रीमान, क्या भया ?

नाना : **(घासीराम की पीठ पर एक पाँव रखकर और छड़ी की मदद से ज्यों-त्यों खड़े होकर)** नहीं, कुछ नहीं, तनिक पाँव मोच खा गया—**(दर्द से)** आहा-य् ! **(पाँवतले घासीराम को देखकर मुश्किल से पाँव उठाकर)** यह कौन ? **(घासीराम नाना का**

दुखता पाँव मय जूते के अपनी हथेली पर रखकर बैठ जाता है।) पूना के ब्राह्मण दिखते हैं ! (**सब लोग देखते हैं।**) उठिए पंडितजी, हम आपसे खुश हैं, आसूदा हैं। (**गले से हार निकालकर दिखाता है।**) पंडितजी, इनाम कुबूल करें। (**घासीराम नहीं लेता।**) पंडितजी, इनाम, तोहफा–

घासीराम : हुजूर पाया। शमा के करीब परवाना आया। (**नाना के जूते वाले पाँव की तरफ इशारा कर**) हम जमाने के उज़बक, आसमान ढूँढ़ा किए। हमारे पहलू में मगर, ईद का चाँद आया। किया, बहुत किया हमने मुकद्दर से गिला, अब ये काम हमने दुश्मनों को सौंप दिया। (**विनम्रता से सिर झुका लेता है।**)

नाना : (**बहुत खुश होकर**) वाह ! कैसी शीरीं जुबान है। क्या हाजिर-जवाबी है ! जैसे गाढ़ी चाशनी। उठो महाराज, उठो। नर्मदा-पार के दिखते हो।

घासीराम : (**उठकर**) श्रीमान।

नाना : नाम ?

घासीराम : घासीराम साँवलदास–(**सिर पर चढ़ाया हुआ चोटीवाला विग उतारता है।**)

नाना : खास कन्नौज के बाशिन्दा हैं ?

गुलाबी : (**अपने सहज नखरे के साथ**) चारई दिन हुए सिरकार, नचैया है हमारा, निया, परदेसी है, भूखों मर रिया ता। मैंने का, रे जा हैई, चार कौर तू बी खाएगा। बासन भी माँजता है हजूर, तुनतुनी सोई बजाता है। ऐसे तो हजूर, बी हरफन मौला है।

नाना : (**उसके गाल में चिकोटी काटकर**) हूँ-हूँ, होना ही चाहिए–कोई है ? मियाना ऊपर आने दो।

सब लोग : (**मियाने का आकार बनाकर**) श्रीमान, आ गया–

नाना मियाने में पिराते पाँव सहित बैठने का अभिनय करता है।

सब लोग : नोकोट नाना मियाने में सवार भए–
नोकोट नाना प्रिस्थान करत भए–

नाना : **(जैसे मियाने में बैठा हो)** अ–कौन हो तुम–हाँ, घासीराम ! लो, यह लो। **(हार फेंकता है, घासीराम गुपकता है। नाना मियाने के साथ चले जाते हैं।)**

सब लोग : नाना प्रिस्थान करत भए।

सूत्रधार : नानाराजू प्रिस्थान करत भए, पै बाम्हन बाकी रए। बाम्हन बाकी रए सो सील-मरजाद मरि गई, भीति भजि गई, लाज सिकुर गई, मति भिरष्ट भई। बाम्हनन कौं मन ढरि गयौ, चित्त चलि गयौ–

गुलाबी को दो-चार जनों ने घेर लिया है जो उससे गहरी छेड़छाड़ कर रहे हैं। वह शृंगारिक चेष्टाएँ करती हुई नृत्य-भंगिमाओं द्वारा उन्हें रोकने की कोशिश करती है। बाल बिखर जाते हैं, आँचल कन्धे से सरक जाता है। भीतर कोरस जारी है :

: राधेक्रिस्न हरि मुकुन्द मुरारी–

एक ओर घासीराम नाना द्वारा फेंके गए हार से अत्यानन्दपूर्वक खेल रहा है।

सूत्रधार : रात सिरानी–भिनसार भयौ–पुन्ननगरी में उँजियारौ भयौ–

ठुमरी का गान शुरू हुआ।

जारी सारी रतियाँ
नाहीं समझत पिया
सौतन के संग प्रीत बढ़ाई
अब काहे बनाई झूठी बतियाँ

गुलाबी जा चुकी है।

एक विंग में से ब्राह्मण और दूसरे विंग में से शिन्देशाही पगड़ीवाले यार कतार बाँधकर रंगमंच पर परस्पर-विरुद्ध

दिशाओं में जाते हैं। चेहरे पर रतजगे का असर है। जम्हाइयाँ और अँगड़ाइयाँ। पगड़ियाँ सिर पर ज्यों-त्यों रखी हुई है। कदम लड़खड़ाते हैं। जाते-जाते मुड़कर एक-दूसरे की तरफ देखते हैं। घासीराम हार लेकर जाने लगता है। गुलाबी भीतर से बाहर आकर उसे रोकती है—ठसक भरी। पल्लू कमर में खोंसकर हार माँगती है। वह इनकार कर देता है। वह माँगती जाती है और उसकी माँग हिंसक होती जाती है :

'हार दे दे, चुपचाप—'।

घासीराम फिर भी नहीं देता।

घासीराम : यह मेरा है। नाना साहब ने मुझे दिया है। यह तोहफा मैंने नाना से पाया है। यह मेरा है—

गुलाबी : मैंने तेरे को रक्खा नचैया लौंडा बनाके तो तेरे को नाना साब की जूती दिखी। तू मेरे कोई टँगड़ी मारता है। वारे मेरा हार वाला। चल, निकाल हार। मेरे को चैए!

ठसक दिखाती हुई पाँव पटकती है। भीतर की तरफ इशारा करती है। दो-तीन धतींगड़े आस्तीनें मोड़कर आते है, मृदंग की लय पर। घासीराम हार को सीने से चिपटाकर चिल्लाता है : 'यह मेरा है, हार मेरा है !' वे उसे पीटते हैं, हार छीन लेते हैं और उसे गिरा देते हैं।

घासीराम रंगमंच पर सामने की तरफ आ गिरता है। जरा देर बाद उठता है, धूल साफ करता है, बाँह से खून पोंछता है तिलमिलाया हुआ।

मृदंग की लय पर एक गोरे साहब का मियाना मंच पर से भीतर जाता है। मियाने के साथ-साथ दो ब्राह्मण चल रहे हैं। अदब से कुछ कह रहे हैं। आगे-आगे चन्दन-चर्चित ब्राह्मण चिल्लाकर कहता है : 'बाजू, बाजू, साहब बहादुर की सवारी जाए रही है। तनिक हटकैं, दबकैं !' अपने उपरने से भीड़ को ठेलता जा रहा है।

ब्राह्मण : हट, हट, गधा कहीं का ! साहब बहादुर की सवारी आए रही है, देखता नई। नालायक ! जमीन पै लोटता है ! (**मियाने में बैठे साहब से**) हमारे मुलुक के लोगों में हजूर; हँः हँः आजकल, क्या ना वा का, म्यानर ई नईं है ! कसम सरकार की, जो साभिमान से जिएँ—बैंचकें खाए गए—हजूर, जरूरई पधारें, रमने का मजा तो सरकार, भीतर घुसके ई मिलता है। हम हजूर को घुसाता है—तीन कलदार हजूर—

दूसरा ब्राह्मण : अरे हट, रामभट्ट—हजूर दो—चलिए, हम घुसाएगा—

तीसरा ब्राह्मण : हम हजूर एकई में—चलिए, चलिए (**दूसरे ब्राह्मण से**) राँड के तैं चुप रह।

दूसरा ब्राह्मण : (**पहले ब्राह्मण से**) तौसें कौन बात करता है अघोरी !

पहला ब्राह्मण : पेट-पौसवे हैं हजूर, दोई एक लम्बर के औसर-साधू ! आप चलिए। आज रमने में बाम्हनन का सत्कार होयवारा है—सौंधी-सौंधी महकवारा भोज मिलैगा, दच्छिना मिलैगी। चलिए, चलिए—

आगे-आगे मियाना और साहब और उनके पीछे तीनों ब्राह्मण दौड़ते हुए जाते हैं। इनका पीछा करते हुए अनेक ब्राह्मण गोल बनाकर बड़बड़ाते हुए जल्दी-जल्दी जाते हैं।

सूत्रधार : पर्वती तरैं के रमना में बाम्हनन की भीर भई, भीर भई, भौत ई भौत भीर भई—रमना के भीतरैं पेसवा दच्छिना बाँटन लागे, बाम्हन लडुवा मसकन लागे, लरन लागे, रामरौला करन लागे, गाँठि में दच्छिना खोंसन लागे—

आस भरी निगाहों से घासीराम देख रहा है। वह भीतर घुसता है। भीतर घुसे हुए ब्राह्मण फौरन कतार बाँधकर खड़े हो जाते हैं। दो सिपाही बार-बार ब्राह्मणों को ठीक से खड़े होने का आदेश देते हैं। घासीराम एक ओर खड़ा हो जाता है। उसके चेहरे पर भूख लिखी है। सिपाही घासीराम को टोकते हैं।

पहला सिपाही : ऐ, कौन है तू ?

घासीराम : हम कन्नौज शहर के घासीराम साँवलदास।

दूसरा सिपाही : चल हट ! हियाँ क्यों आया बे ?

घासीराम : बाम्हन का सत्कार लाया, भोज लाया।

पहला सिपाही : अबै तो तेरा हियाँ क्या काम ?

घासीराम : हम भी बाम्हन हैं, राम-राम !

दूसरा सिपाही : तू बाम्हन ? दिखा, तेरी चुटिया, काँधे की डुरिया, कहाँ हैं तेरे चन्दन का टीका, माथे का खौर ?

पहला सिपाही : बोल, क्या होता है वेद, चातुर्बनरन के भेद ?

दूसरा सिपाही : कोई उठाईगीरा दिखता है–

पहला सिपाही : चोर-उचक्का लगता है–

घासीराम : नहीं-नहीं, हम बाम्हन हैं, कन्नौज से आए हैं, आपके शहर पूना में नए-नए आए हैं–

दक्षिणा पाकर लौटता हुआ ब्राह्मण अपनी फतूही की जेबें टटोलता है और बुरी तरह चीख उठता है : 'चोर-चोर–जेब कट गई–दच्छिना लूट ली–हाय, मैं लुट गयो, मैं डुब गयो–अरे कोई तो बचाओ–'। कतार में खड़े लोगों का शोर। घासीराम पकड़ में आता है; लोग उसे धुनकना शुरू कर देते हैं। वह अपने को बचाने की कोशिश करता है। सिपाही घासीराम को घसीटकर ले जाते हैं। वह चिल्लाता है : 'हमने चोरी नहीं की, हमको नानासाहब के पास ले चलो, हमको नानासाहब से मिला दो।' गोरा साहब रमने के भीतर से आकर यह तमाशा देखता है।

साहब : ऐ, क्या हुआ ? उस आडमी कू क्यूँ मारा !

ब्राह्मण : आदमी नई हजूर, जेबकतरा हता। राँड़ की औलाद, बिसने

मेरी दच्छिना चुराए ली। बिसके हाथ झड़ जाएँ, कीड़े पड़ें, बिसके मक्खियाँ भिनकें, बिसके...

साहब : ओ ! चोर टो डूसरा ठा। हम उसकू डेखा। रमना के अंडर वो पिच्चे से आया, टुमारा डाकिना लेके बाग्गया—पुअर फेलो ! अचा, आ लो—(**ब्राह्मण को कुछ पैसे देता है।**)

ब्राह्मण : अन्नदाता हैं हजूर, थांक्यू—थांक्यू—

खुशी-खुशी जाता है। साहब भी चला जाता है। दो-तीन भुक्खड़ ब्राह्मण साहब का पीछा करते हुए जाते हैं। पीछे कतार में खड़े ब्राह्मण मुड़कर 'श्री गजराज, श्री गजराज, श्री गजराज नर्तन करें' की टेक शुरू कर देते हैं। लहूलुहान घासीराम को दो सिपाही घसीटकर लाते हैं और पटक देते हैं।

पहला सिपाही : मर स्साले इसी कुठरिया में—

दूसरा सिपाही : चुप्पचाप ! नहीं तो बना देंगे गठरिया-पुटरिया हड्डियों की। लगाऊँ हरामी की जाँघों के बीच, खस्सी-सा बिबियाएगा स्साला—

दोनों आँखें तरेरते हुए चले जाते हैं। सूत्रधार जरा वेशभूषा बदलकर आता है।

सूत्रधार : क्यों म्मालिक ! क्या रंग हैं ?

घासीराम : (**कराहकर**) मौत आ गई थी, जी गया—

सूत्रधार : कैसे आना हुआ ?

घासीराम : नसीब का फेर हुआ। किस्मत आज़माने को पूना आया; मेरी घरवाली का सुहाग और बेटी की किस्मत, जो भगवान ने बचाया। मगर मैंने चोरी नहीं की।

सूत्रधार : की तो क्या, नहीं की तो भी क्या ! इस जगह कोई फर्क पड़ता है क्या ? ये कहलाती है कोठरी, याँ बँधती है सबकी ठठरी। गुनहगार—अरे, हम गुनहगार, तुम गुनहगार ! पड़ा भी रह

आराम से यार। ये गद्दी पत्थर की बेमिसाल, किस्मत से तेरा, प्यारे, येई विसाल। तजरबे की बात सुन ऐ मेरे दोस्त। कुछ न कह, खून की गर्मी की दवा है, इस फर्श की सर्दीली सतह !

घासीराम : आप यहाँ आए कैसे ?

सूत्रधार : हुजूर जैसा मानते हैं, नहीं वैसे। आप कहते हैं, कुछ न किया, वे लाए हैं। हम कहते हैं, कर-कराके हमीं आए हैं। तुम्हारी 'ना' हमारी 'हाँ' है। इसी पै तो घूमता सारा जहाँ है। तुम होगे फकत एक चोर, यहाँ तो हजूर डबल चोर; सिपाही बेहादुर का रहम अपना जोर। हम जो करें, उसे कहते हैं चोरी हरदम, उनकी तो बदस्तूर जेब गरम। उधर रहम खतम, इधर अपना खेल खतमं। ऐसे आए।

घासीराम : मगर मैंने चोरी नहीं की—मैं चोर नहीं हूँ—मैं बाम्हन हूँ—हाँ ! कन्नौज का बाम्हन—एक हफ्ता हुआ, यहाँ पूना आया—नसीब आज़माने आया था। यहाँ आबरू लुटा बैठा। ये क्या हुआ ? क्या होगा अब मेरी स्त्री का ? मेरी लाड़ली बेटी का क्या होगा ? सुनेंगे वो लोग तो क्या कहेंगे ?

सूत्रधार : जो कहना है, वही तो कहेंगे।

घासीराम : यही न कि मैं चोर हूँ, मैंने चोरी की ! अगर ऐसा ही है तो मैं चोर बनूँगा, मैं चोरी करूँगा।

सूत्रधार : अगर सिपाही बहादुर करने दें, तो ! चोर आखिर किस पर मुनहसर ? सिपाही बहादुर पर ! अगर नहीं, तो बेशक हड्डियाँ कुटवाए, कभी तुड़वाए, बाज दफा जमीन में दफन करवाए। चोर की कमाई में मिहनत औ' मशक्कत; उसी से होती है सिपाही की फोकटिया बरक्कत। चोर खाकसार; सिपाही परवरदिगार। चोर मामूली चोर; सिपाही सरकारी चोर। चोर को जीना है तो सिपाही को सलाम करे, चोला चढ़ाए, खुश रक्खे। हफ्ते-ब-हफ्ते, बिला नागा। फिर भी, अगर खफा हो जाए, तो प्यारे, तुम्हारा टुकड़ा साफ हो जाए। लात और

घूँसों की बारिश होगी, हवालात तुम्हारी हमराज़ होगी। पलक झँपते खेल खतम होगा; न कोई रोएगा, आँसू बहाएगा। न किसी को याद आएगी, आएगी तो भला क्यों आएगी ? सीनाज़ोर चोरों की बस्ती में एक नाचीज़ चोर की हस्ती क्या ? तूफानी लहरों के रेले को सह पाएगी नुक्ते-सी चींटी क्या ? लिहाज़ा, ऐ मेरे हमदम, तू इससे नसीहत ले; भगवान दरिया-दिल है, तू उसकी शरन ले।

कव्वाली गाता है मृदंग के ताल पर।

: मालिक की मुहब्बत को शीशा बनाके पी। पीना है ये शराब इसे मुस्कुरा के पी। हम कह रहे हैं सारे जहाँ को पिला के पी।

पीछे पीठ करके खड़े ब्राह्मणों की पाँत मुड़कर, पगड़ी उतारकर संगत करती है, कान पर हाथ रखकर। कव्वाली समाप्त होती है तो फिर पीठ करके खड़े हो जाते हैं। सिपाही आते हैं। घासीराम को बलपूर्वक घसीटकर एक कोने में ले जाते हैं और प्रेक्षागार की ओर ढकेल देते हैं। मंच पर ब्राह्मणी, ब्राह्मण गुलाबी, उसके चमचे, यार, जार सब लोग खड़े-खड़े तमाशा देखते हैं।

सिपाही : चलो स्साला ! चोर कहीं का, सूअर की औलाद ! फिर कभी इस पवित्तर पुन्न नगरी की तरफ रुख करेगा तो गर्दन उड़ा देंगे, समझा ? ले जा काला मूँ हियाँ से। खबरदार जो लौटके आया पूना। तेरा साया तक न पड़े इस नगरी पै—चल हट—निकल—।

सिपाही हाथ झाड़कर चल देते हैं। मंच पर खड़े दूसरे लोग भी चले जाते हैं। सिर्फ घासीराम प्रेक्षागार में, कुचले साँप की तरह फन पटकता हुआ पड़ा है।

घासीराम : **(कमरबन्द खोलकर धरती पर पटकता है।)** अरे कमीनो, आऊँगा—मैं फिर पूना आऊँगा। मैं भी किस फौलाद का बना हूँ, दिखाऊँगा—तुम लोगों को नहीं छोड़ूँगा। हूँ तो मैं बाम्हन

कन्नौज का, तुमने कर दिया शूद्र घूरे का—आज मैं गुनहगार, जानवर, निकम्मा ! हरामियो, ये तुम्हारा जिम्मा। हो अगर कोई असल बाप का, तो रोके मुझे, झुकाए, फँसाए। मैं हूँ शैतान, भीतर से हैवान, बाहर से सुअर तो तुमने मुझे बनाया है। मैं आऊँगा, सुअर बनके आऊँगा, शैतान बनके रहूँगा। तुम सबको सुअर बनाऊँगा। इसी पूना में सुअर का राज कायम करूँगा ! न करूँ तो थू : घासीराम पर, थूः घासीराम के बाप साँवलदास पर !

मृदंग पर एक जोरदार तालावर्तन। घासीराम धूल में मुट्ठी पटककर युद्धनृत्य की-सी भंगिमाएँ दिखाता है और पाँव पटकता हुआ प्रेक्षागार में चलता बनता है। रंगमंच पर ब्राह्मणों का दल मृदंग की लय पर :

'श्री गजराज नर्तन करैं
हम तो पूना के बाम्हन हरैं'

कहता हुआ धीमे-धीमे झूम रहा है। गणेशजी का आगमन। वे पालथी मारकर बीचोंबीच बिराजते हैं। दो ब्राह्मण मंडपादि सजाते हैं। ताशा-नगड़िया बज उठती है।

सूत्रधार : **(कीर्तनकार की तरह कन्धे पर उपरना डालकर आता है।)** सो एक समैं मलैच्छ को उपद्रव भयौ। सौ हियाँ सब हरिभगत मिलकै विचार कियौ। जो मलैच्छ आयौ है सो धरम को द्वेसी है सो कहा कर्तब्य है—

ताशा-नगड़िया के शोरगुल में उसकी आवाज दब जाती है। दिखाई पड़ती हैं उसकी भंगिमाएँ। आख्यानक शुरू हो चुका है। मंच पर खड़े चार जनों को छोड़कर अन्य लोग आख्यानक के श्रोता बन जाते हैं। चार लोग कीर्तनिया साथी बन जाते हैं। भीतर से कुछ ब्राह्मणियाँ आती हैं और श्रोताओं के बीच लेकिन जरा परे बैठ जाती हैं। नाना फड़नवीस कुछ-कुछ थिरकते हुए आता है। हाथ में फूल लिए हुए है। सब लोग खड़े हो जाते हैं। नाना इशारे से सबको बैठने का आग्रह करता है। अब

ताशा-नगड़िया की आवाज थम जाती है। नाना उच्चासन पर विराजता है। अन्य सब लोग नीचे धरती पर बैठते हैं।

नाना महिलाओं को निहार रहा है; फूल भी सूँघ रहा है। कीर्तन की तरफ़ जरा भी ध्यान नहीं है। कीर्तनकार बना सूत्रधार दोहा-अभंग गाता है :

: प्यार के दो बैना नाही सोना देना।
टूटे फूटे बोल लगें मीठे जैसे मैना।

नाना की बारीक दृष्टि नारी-समुदाय पर घूम रही है। महिलाओं में चिन्ताजनित सावधानी। कुछ आँचल, पल्लू सँभालती हैं। कीर्तन की आवाज अब सुनाई नहीं पड़ती, सिर्फ दृश्य। अभंग एकदम लावनी में बदल जाता है। हरिदासजी लावनी गा रहे हैं।

: रंग महल में सेज झुराई
अरे पिया तूने
अरे राजा तूने रात कहाँ रे गँवाई
कौन-सी सौत (तूने) गले से लगाई ?

फिर दोहा-अभंग की ओर मुड़ते हैं।

: तुका कहे पापी को रे दयादान देना।

दुबारा लावनी गाते हैं।

नाना का शौक बदस्तूर पूरा हो रहा है। आखिरकार आख्यानक की समाप्ति और हरिनाम का घोष 'जय जय रामक्रिस्न हरीऽऽ' उच्च स्वर में आरम्भ हो जाता है। नाना टकटकी लगाए एक सुकुमार लड़की को अपलक देख रहा है। लड़की सुन्दर है, सिर झुकाए हुए है,भोली-भाली। कीर्तन समाप्त होते ही सब लोग उठते हैं और कीर्तनकार के चरण छूते हैं। नाना लड़की की ओर मुड़ता है।

लड़की कीर्तनकार के चरण छूने के लिए बढ़ती है। चरण

छूती है।

नाना अपनी जगह से आगे बढ़ने के इरादे से कदम उठाते हैं। सब लोग चले जाते हैं। वह लड़की गणेशजी के पूजन में मनोभाव से मग्न है। नाना नौकर को इशारे से दरवाजा बन्द करने को कहता है। कीर्तनकार बना सूत्रधार प्रोसंनियम आर्च से परे जाकर खड़ा हो जाता है।

नाना : **(फुसलावा भरे स्वर में)** बेटी, क्या चाहती हो ? अँय ?

वह चौंककर मुड़ती है।

: नाना तुम्हारी सारी मनोकामनाएँ पूरी करेंगे।

उसके कन्धे पर हाथ रखता है; वह बदन चुराती है।

: अरे, तुम तो शरमाती हो ! हँ-हँ-हँ ! इसे अपना ही महल समझो, अपना आरामखास। यहाँ कोई नहीं देखेगा। आज पूना शहर में श्रीमान नाना फड़नवीस की तरफ आँख उठाने की हिम्मत कोई नहीं कर सकता।

लड़की : नहीं, वे देखेंगे।

नाना : वो देखेंगे ? वो कौन ?

लड़की : **(गणेशजी की तरफ इशारा कर)** वो !

नाना : वो ? वो सिद्धि-सदन गणेश ? उसकी ओर भी ध्यान न दो। बेटी, उसकी औरतें दो। एक इस पहलू में, दूसरी उस पहलू में, अगर तुम हमारा पहलू आबाद करोगी तो वो कुच्छ नहीं कहेगा।

लड़की : आप बुजुर्ग—

नाना : सिर्फ उम्र में। मगर—हम तो भगत हैं। इस मोहिनी मूरत के; दास हैं तो इसी दिलकश सूरत के। तुम्हारी चाँद-सी सूरत हमारे दिल में बस गई है। ये काली जुल्फें, कँटीली चितवन हमें डँस गई हैं। तुम नहीं जानती बेटी—कि ये लहलही जवानी फिर नहीं आएगी, ये नशीली बहार कपूर-सी उड़

जाएगी। **(उसके नजदीक जाकर उसे बाँहों में कसने की कोशिश करता है।)** अरी, तू तो हमारे लिए बेटी की तरह है, पड़ोसी की।

लड़की : **(छिटककर)** मुझे डर लग रहा है।

नाना : हमें तुझ पै प्यार आ रहा है। आहाहा ! ये तुम्हारा शरमाना–जान तुम पर निसार है; ये बन्दा ताबेदार है। वस्ल का तलबगार हूँ: तेरे इश्क में प्यारी, बेकरार हूँ। मुझसे बेकली सही न जाए, आ ! मेरे सीने से लग जा– ।

उसे पकड़ने को बढ़ता है, वह अपने को बचाती है। नाना बेकाबू हो रहा है। पीछा करता है। वह हिरनी की तरह भयभीत होकर इधर-उधर दौड़ती है। नाना के हाथ में आकर छूट जाती है और नाना नौकर को पकड़ लेता है। यह नौकर घासीराम है; नौकर की वेशभूषा में खड़ा है। उसने अपना मुँह साफे के छोर से ढाँप रखा है।

नाना : **(आँख मींचकर)** आहो हो हो हो– !

घासीराम : श्रीमान, मैं मर्द हूँ, औरत तो चम्पत हो गई।

नाना : **(आँख खोलकर, अपेक्षाभंग के कारण अंगार बनकर)** कम्बख्त, तुझे सूली पर चढ़ाएँगे। कोई है ? कोई है ?

घासीराम : हुजूर का हुक्म था, हवेली में कोई न रहे। कोई नहीं है। बन्दा तो पहरे पर तैनात था लिहाजा–

नाना : बेवकूफ, नालायक– ! **(होंठ चबाता है)**

घासीराम : खाकसार दिलगीर है, सरकार !

नाना : दिलगीर ? सब चौपट कर दिया–रंग जमने को था, मरदूद, तूने कर दिया भदरंग। तू क्यों आया, बोल !

घासीराम : हुजूर खुदबखुद तशरीफ लाए, गुलाम को पकड़ लिया।

नाना : हमें क्या पता था–हाथ आया तो–ह्य ह्य ह्य ह्य ! शिकार हाथ से जाता रहा !

घासीराम : दुबारा हाथ आ जाएगा।

नाना : अब क्या हाथ आने चली है वो ! अब ख्वाब में ही वस्ल उसका होवे तो होवे; ज़ाहिर में तो मिलने की हमें आस नहीं है !

घासीराम : शिकारी तैयार तो हुजूर, शिकार हाजिर है।

नाना : मगर वह तो नहीं–

घासीराम : वह भी–बल्कि, वही !

नाना : वो मिलेगी ? मिलेगी वो ? आह, क्या कहने हैं उस पुख्ता, ठोस इमारत के रे ! तूने देखा था उसे ? उभारदार, मुलायम, रसभरी और नरम–ओहोहोहो ! इतनी छुई अंग्रेजी, पर ऐसी एक नहीं। इसकी सानी नहीं रे ! कौन थी ?

घासीराम : कोई हो हुजूर, हुकुम दें तो खिदमत में पेश कर दूँ।

नाना : करेगा तू ? हम एहसान मानेंगे–नहीं, बल्कि तुम्हारी खिदमत की कद्र करेंगे। लेकिन कब ?

घासीराम : हुजूर, कल, परसों, नरसों–

नाना : आज रात को ? अँय् ?

घासीराम : मालिक, कोशिश करूँगा, मगर भरोसा नहीं दिला सकता। राह न देखें, बेरंग होने का भय रहेगा।

नाना : नहीं रे, ये रंग अब नहीं उतरनेवाला–ये खयाल नहीं ढलनेवाला–वो आँख में समाई है, नहीं कुछ देता दिखाई है–अरे क्या चीज थी रे– !

घासीराम : सिर सलामत, तों पगड़ी पचास।

नाना : अगर वों नहीं है तो कुछ भी नहीं है। जानेमन ! हो अगर आगोश में वो तो जोर तेग का दिखला दें। सारा जहाँ पनाह माँगे, हम हिमालिया को पिघला दें। आहाहा–वो जोवन का उभार, वो चमनज़ार, वो दो कलियों का शबाव, उन्हें सहलाएँ,

उन्हें मसलें—1

घासीराम : **(क्रुद्ध होकर भी शान्त स्वर में)** हुजूर, हाथ के पटे को म्यान में दाखिल करें—शिकार कोसों दूर है।

नाना : कल का वादा पक्का न ?

घासीराम : कोशिश करेगा गुलाम।

नाना : **(अँगूठी निकालकर देता है)** यह लो। रहने दो, रहने दो। हीरे की है। तो फिर ? वो मिलेगी, तो तुम्हारी किस्मत जगेगी। समझते हो न ?

घासीराम : जी हुजूर।

'मंगलमूर्ति मोऽरया' के घोषसहित गणेश-विसर्जन का जुलूस आता है। लेज़ियम वगैरा झुनझुनाते हुए। गुलाल उड़ाया जाता है। फिर हाथी-घोड़ों की सवारी; स्वाँगधारी भी आते हैं। एक स्वाँगधारी उग्रता की प्रतिकृति बना आता है, जैसे राक्षस हो। मुखौटा लगाए हुए है। नाना, नौकर अर्थात् घासीराम और गणेशजी की मूर्ति ढँक जाती है। जुलूस गाता-बजाता धीरे-धीरे नेपथ्य में चला जाता है। नाना भी चला जाता है।

सूत्रधार : **(कीर्तनकार का बाना उतारकर)** श्री गजरज सिराने हो पूरे सिराने—पूरे सिराने—नौकोट नाना बोलै, पेसवाई डोलै—पेसवाई डोलै नाना कौ रोब-दाब बाढ़न लागो—बाढ़न लागो—सूत्र सोई कहन लागे, नाना सो नाना, बाकी सब ताली-फटकार जनाना—

कतार में खड़े ब्राह्मण : नाना सो नाना, बाकी सब जनाना—

एक तेज तराना : राधेक्रिस्न हरि
गोबिन्द मुरली
रामा सिव हरी
मुकुन्द मुरारी

यह घोष जारी रहता है। नाना इसी लहरे पर थिरकता हुआ आता है। वह सुकुमार लड़की ज्यादा शोख, ज्यादा तैयार होकर नाचती हुई आती है : केवल लय और भंगिमाएँ। नाना को उल्लू बनानेवाली शृंगारिक चेष्टाएँ करती हैं; नाना उस पर लट्टू है। यों, वह हाथ नहीं आती। नौकर अर्थात् घासीराम बार-बार बीच में आ घुसता है। नाना उसकी तरफ एक के बाद दूसरा उपहार उछालता है और लड़की का पीछा करता हुआ नाचता है। मजीरे के ताल पर ब्राह्मणों का घोष जारी रहता है। पीठ करके खड़े ब्राह्मण बागीचे के कुँजों का फॉर्मेशन बनाते हैं। नाना लड़की का पीछा करता हुआ बागीचे में घूमता है।

: 'हीराबाग में हो
सारसबाग में
सारसबाग में हो
मोतीबाग में
मथुराजी उतरी–

घोष जोरों से जारी है। अन्त में नाना चाँदी की मुठियावाली छड़ी नौकर बने घासीराम की ओर फेंक देता है और वह और लड़की दोनों नाचते हुए गायब हो जाते हैं।

होंठ चबाता घासीराम छड़ी गुपकता है और क्रोधावेश में उसे मोड़ता है।

नाना और लड़की राधाकृष्ण की भाँति नाचते हुए आते हैं, खड़े हो जाते हैं। सात-आठ कम उम्र ब्राह्मणियाँ, जो नाना की पत्नियाँ प्रतीत होती हैं, घेरकर गोपियों की तरह नाचती हैं। घासीराम मंच से नीचे प्रेक्षागार में कूद पड़ता है। मंच के दृश्य को देखकर ठठाकर हँसता है, हँसता रहता है।

घासीराम : (चीखकर) आ गया, अब मेरी मुट्ठी में आ गया–मेरी लाड़ली

बेटी–हैवान–। **(सीधे दर्शकों को सुनाता है।)** मिहरबान ! गौर से देखो, कैसे अपनी लाड़ली बेटी ललिता गौरी को इस दरिन्दे की दावत बनाया है मैंने। देखो इस बाप को, जो अपनी पेटजाई बेटी से पेशा कराता है ! देख लो, कैसे मेरी मासूम बिटिया हरजाई हुई जाती है। वो ठूँठ खूसट देखो, कैसे उसकी नरम जवानी को चीथ-चीथकर चाभ रहा है।–थूको मुझ पे–मेरे मूँ में पेशाब करो ! चीर के दो कर दो मुझे–मगर मैं छोड़ूँगा नहीं ! इस पूना शहर में सुअर का राज कायम करके ही दम लूँगा !

मंच पर ब्राह्मणों का घोष और नाना और लड़की का नाच जारी है।

: देखो मिहरबान, देखो, घरफूँक तमाशा देखो, सब लोग ताली बजाओ–ताली बजाओ–।

चीखता-चिल्लाता, बड़बड़ाता घासीराम प्रेक्षागार से चला जाता है। मंच पर नाचनेवाले भीतर जाते हैं।

सूत्रधार : नौकोट नाना, गौरी बिना सूना–

सब लोग : सूऽऽना

सूत्रधार : गौरी न होय तो नाना बेदाना–

सब लोग : बेदा ऽऽ ना–

सूत्रधार : नाना गौरीमै भए, गौरीमै भए–

सब लोग : ललिता गौरीमै भए–

सूत्रधार : घर में बाकौ चित्त नाएँ–

सब लोग : दुआरे वाकौ चित्त नाएँ–

सूत्रधार : काम में चित्त नाएँ–

सब लोग : राम में चित्त नाएँ–

सूत्रधार : गौरी बिना चलतौ ऽऽ नाएँ–

सब लोग : गौरी बिना निभतौ ऽऽ नाएँ–

सूत्रधार : काम करत-करत नानाजू कामातुर भए–

सब लोग : **(एक बार धीमे से, दूसरी बार जोर से)** कामातुराणाम् व वयस् न लज्जा–

सूत्रधार : पुंडलीक वरदा गौरि विट्ठऽल–

सब लोग : गौऽरि विट्ठऽल। घासीराम तुकाऽराम–

सब लोग पृष्ठभूमि में चले जाते हैं और पीठ करके खड़े हो जाते हैं।

नाना का प्रवेश। परेशान, निरुपाय। घासीराम आता है।

नाना : एक बार और, घासीराम, बस एक बार और–ज़ालिम।

घासीराम : नहीं पुसाता श्रीमान, हद्‌द हो गई। पानी की लहर सिर से ऊँची हो गई। डूबकर दम घुटने की नौबत आ गई। जान बची लाखों पाए। तमाम शहर पै बदनामी के बादल छाए। लोग मेरे बारे में क्या-क्या कहेंगे; हुजूर की बदकारी के चरचे उठेंगे। सरकार मियाने पै सवार होंगे, जनाब घासीराम सड़क नापेंगे। सरकार मियाने पै अकेले होंगे; मेरे इर्द-गिर्द रिआया के ठठ होंगे। बस्स, अब आगे निभ नहीं सकती; खवासी जियादा हो नहीं सकती। हुजूर की इनायत थी; बहुत पाया, मौजों पै सवार हो यहाँ तक आया। अगर कहीं पेशवा सुनेंगे, हमारी जान के लाले पड़ेंगे। श्रीमान, आज से मेरी बेटी हुजूर की हवेली में नहीं आएगी। मैं उसका ब्याह करा दूँगा, लड़का ढूँढ़ रहा हूँ–।

नाना : जरा सब्र से काम लो घासीराम, कुछ ही दिन और–उसके बाद अगर तुम चाहो तो हमीं अपने एकाध मातहत को गाँठ कर बिटिया के हाथ पीले कर देंगे–।

घासीराम : मुझे मंजूर नहीं।

नाना : घसिए, जानता है नाफरमानी का नतीजा ?

घासीराम : जान हाजिर है ! उस बदनामी से यह बेहतर है। ज़रा अन्दाज़ा कीजिए हुजूर, लड़की की माँ की हालत का ! कुछ भी हो, वह आखिर उसकी औलाद है; नौ माह माँ ने उसे पेट में ढोया है, कैसे-कैसे रंगीन सपनों को सँजोया है !

नाना : हम भी उन्हीं सपनों को देखते हैं। इसीलिए तो तुमसे कहते हैं घासीराम, हमारी तरफ से अपनी धरमपत्नी को दिलासा देना। कहना, हमने उसकी बेटी का जिम्मा लिया। उसकी औलाद को हम अपनी औलाद समझेंगे, निहायत शानो-शौकत से उसे पालेंगे, पोसेंगे !

घासीराम : नहीं श्रीमान, सौदा महँगा पड़ रहा है।

नाना : हाय घासी, तू हमारी जान लेने पर आमादा है। कमबख्त, तू हमारे कलेजे पर छुरी चला रहा है। जरा तो सोच !

घासीराम : वही कलेजा न जो अपना जिस्मानी शौक पूरा करने की खातिर दूसरे की बहू-बेटी को नंगा करके ही ठंडा होता है ?

नाना : घासीराम, हमसे दाँव बदते हो ? याद रखना–।

घासीराम : याद है, याद रहेगा हुजूर, गुलाम को इजाज़त दें।

नाना : हम उसे उड़ाके हवेली में लाएँगे–

घासीराम : पेशवा जिन्दा हैं श्रीमान, कहर ढाएँगे।

नाना : आखिर हम करें क्या ?

घासीराम : एक ही रास्ता है हुजूर। ऐसा कड़ा बन्दोबस्त करना होगा कि रिआया खामोश रहे, बात-बेबात मेरी बेटी का जिकर छेड़ उसे बेआबरू न करे।

नाना : वो कैसे होगा ?

घासीराम : रिआया का मुँह बन्द करना होगा।

नाना : मगर कैसे ?

घासीराम : दवा बतलाएँ ? कुबूल करेंगे ? आनाकानी तो न करेंगे ?

नाना : बतलाओ। मगर पहले उससे विसाल तो करवाओ।

घासीराम : ठीक ! श्रीमान, रिआया का मुँह बन्द करने के वास्ते मुझे शहर पूना का कोतवाल मुकर्रर कर दें।

नाना : **(विस्मय से)** कोतवाल ! घासीराम, हमारी कोतवाली शहर पूना की रखवाली है !

घासीराम : तो जाने दीजिए, यहाँ किसकी अटकी है ?

नाना : घासीराम, इतना आसान नहीं, वह मुश्किल है–

घासीराम : हुजूर, नानासाहब के लिए क्या मुश्किल है ! शहर पूना में सूरज भी नाना की इजाज़त से निकलता है !

नाना : कोई और तरकीब बताओ–

घासीराम : तरकीब हो या तरतीब, जो है, यही है; अगर ये नहीं है तो ललिता गौरी भी नहीं है। वो आइन्दा आनेवाली नहीं है।

नाना : नहीं-नहीं, घासीराम ! उसे ले आओ, कब तलक पहुँचाओगे उसे ?

घासीराम : कोतवाली बख्शने का फरमान मय दस्तखतो-मुहर मेरे हाथ आने के बाद ! उससे पेश्तर कतई नहीं।

नाना : जालिम, तू हमला करना चाहता है हमें घाटी में घेरकर ?

घासीराम : हाँ हुजूर, अपनी इकलौती बेटी की घाटी में–**(तेवर ऐसा कि जैसे खून सिर पर चढ़ा हो।)**

नाना : **(भयाक्रान्त स्वर में)** घासीराम– !

घासीराम : **(अपने को ज़ब्त कर)** फरमान जारी करें हुजूर !

एक शख्स फरमान की सामग्री लेकर आता है। नाना ज्यों-त्यों दस्तखत करता है। मुहर लगाई जाती है। नाना घासीराम को फरमान सौंपता है।

नाना : जाओ, उसे ज़रा जल्दी पहुँचाना।

घासीराम फरमान देखता है। तह करके हिफाज़त से अपने पास रखता है। अदब-कायदे के मुताबिक सलाम करके चला जाता है।

नाना : **(चेतन होकर मूँछों पर ताव देता है)** जाऽ, घसियारे, कल के छोकरे, तुझे बना दिया हमने कोतवाल ! जाऽ, नंगा होके नाच, बजा गाल, मगर इस नाना की चाल तू नहीं जानता। अरे मरदूद ! हमने भरी है बन्दूक, राजनीतिवाली, दुनाली। पहले धमाके में चित्त हो जाएगी लज़ीज़ लौंडिया तेरी; दूसरे धमाके के साथ नाच उठेगी पुण्यनगरी पूरी। अबे घसिए ! तू बाहरी, परदेसी, हमने तुझे बख्शी है याँ की सबसे ऊँची कुर्सी। जानता है क्यों ? ताकि तमाम साजिशें खुद-ब-खुद कट जाएँ, बलवाइयों की धज्जियाँ उड़ जाएँ। अव्वल तो तुम उनमें शामिल हो नहीं सकते, हो भी जाओ तो काबिले-एतबार नहीं हो सकते। क्यों ? तुम बाहरी आदमी हो, परदेसी हो, हमारी दहलीज़ के टुकड़खोर कुत्ते हो। तुम्हारी जंजीर हमारे हाथ होगी; तुम्हें भी तो हमारी ज़रूरत होगी। घासीराम, तुम चितपावन बाम्हनों से बढ़कर ऐठू होंगे, रोब गाँठोगे, धाक जमाओगे। पुख्ता बन्दोबस्त करोगे, यों हमारी फ़िक्र मिटाओगे। हमारी गलतियाँ, भूलें तुम्हारे नाम जमा होंगी, हम महफूज रहेंगे; बदनामियाँ तुम्हारी होंगी। करने को हम, भुगतने को हमारा कोतवाल। **(खुश होकर)** सुभीता लाखिया, नाना की सेवा में घसिया—और वो गुलाब की रेबड़ी, नरम-नरम ककड़ी-सी वो लड़की ?? वो हमारे पास—जब चाहा तोड़ा, जब चाहा खाया—वाह नाना, वाह ! घासीराम, कोतवाल बनो, बने रहो, नाना की असीसें लो ! बच्चा, खुश रहो ! **(मुड़ता है।)**

डौंडीवाला : सुनना होऽऽ ! खलक खुदा का, मुलुक पेसवा का, हुकुम पेसवा के परधान नौकोट नाना सिरीमान नानासाहबजू फड़नवीस का ! कन्नौजवाले घासीराम साँवलदास को इसी दम

सहर पूना का कोतवाल मुकर्रर किया जाता है। पेसवा के परधान का हुकुम मालु होऽऽ!

नाना सामने की तरफ शोर मचाते हुए आनेवाले ब्राह्मणों की भीड़ के पीछे खो जाता है। मंच पर शोर। शोर बढ़ता जाता है। फिर एकदम थम जाता है। एकाएक नौबतें बज उठती हैं। मंच पर खड़े लोग झुककर खड़े हो जाते हैं। कुछ लोग दर्शकों की ओर पीठ किए झुककर सलाम करते हुए आते हैं। सबके बाद घासीराम आता है। कोतवाल की शानदार पोशाक पहने हुए है। सिर पर पगड़ी। चाल में अक्खड़पन। यह दूसरा ही घासीराम है। उग्र किन्तु भव्य...।

(परदा)

उत्तरार्द्ध

पूर्वार्द्ध की भाँति बारह व्यक्ति मंच पर खड़े हैं। हाथ में मजीरा। सूत्रधार का प्रवेश। 'श्री गजराज' की धीमी गूँज जारी है।

सूत्रधार : पुन्ननगरी में घासीरामजी कोतवाल नियुक्त भए—

अन्य : भऽ एऽ—

सूत्रधार : घासीराम कौ कारबार चालै, कारबार चालै, कारबार चालै—

अन्य : चाऽ लै—

सूत्रधार : गौरी बोलै, नाना डोलै, घासीराम कौ कारबार चालै—

अन्य : कारबार चालै—

सूत्रधार : गौरी नाचै, नाना नाचै, घासीरामजी औसर साधैं—

अन्य : औसर साधैं—

सूत्रधार : घासीराम कोतवाल फरमान कढ़वायौ—

अन्य : फरमान कढ़वायौ—

सूत्रधार : पुराने फरमानन पै कमाल अमल करा जाएगा—

अन्य : जिरूर करा जाएगा—

सूत्रधार : बिला परमिट रंडीबाजी बन्द !

अन्य : बन्द !

सूत्रधार : घासीराम कोतवाल का हुकुम जारी भया—

अन्य : जारीऽ भया–

सूत्रधार : बिला परमिट मुर्दा फूँकना बन्द !

अन्य : बन्द !

सूत्रधार : घासीराम कोतवाल कह्यौ जौ नीच जातवारे की छुई रोटी खाना गुन्हाय है–

अन्य : गुन्हाय है।

सूत्रधार : घासीराम कोतवाल कह्यौ जौ बिला परमिट खस्सी चीरना, पेट गिराना, खानदानी औरत का छिनाली करना, छिनाल की भड़ुआगीरी करना, बाम्हन का बदकारी करना, कोऊ सों छेड़छाड़ करना, चोरी-चपाटी करना, तल्लाकबारी जोरू के संग घरोबा करना, खसम जीता होय तो यार को घर में घुसाना, अपनी जात छिपाना, जाल सिक्का ढालना, जान देना–सब गुन्हाय है–

अन्य : सब गुन्हाय है।

सूत्रधार : जो गुन्हाय करैगा सो कड़ी सिजा पाएगा, माफी नई पाएगा–

अन्य : बिलकुल नईं पाएगा।

सूत्रधार : घासीरामजी कोतवाल नित्त नेम सों अग्यारा की तोप दगन कै पाछैं सहर पूना की परकम्मा करन लागे, घूमन लागे, खुद्द अमल-दखल करन लागे, सड़कन पै कोऊ दिखाए तौ टोकन लागे, ठोकन लागे, पकरन लागे, मुसकैं बाँधन लागे, परमिट जाँचन लागे, कान की मालिस करन लागे, नालिस करन लागे–

अन्य : लाऽ गे–

सूत्रधार : जौ नालिस करन लागे सो जेहल भरन लागे–

अन्य : लाऽ गे–

सूत्रधार : गौरी बोलै, नाना डोलै, घासीराम कौ कारबार चालै–

अन्य : गौरी बोलै, नाना डोलै, घासीराम कौ कारबार चालै–

सूत्रधार : ता पाछैं सिगरी पुन्ननगरी कौ जियरा धरकन लागे, तासैं हाय-हाय मची–

अन्य : खूब ऽऽऽई मची–

सूत्रधार : सिगरी-सिगरी रात घर में घुसे रहबे की जबरई भई–

अन्य : जबर ऽऽ ई भई–

सूत्रधार : बियाही जोरू कै संग रहबे की जबरई भई–

अन्य : खूबई जबरऽऽ ई भई–

सूत्रधार : बियाहे मरद कै संग सोवै की जबरई भई–

अन्य : जबरई भई जी, जबरई भई–

सूत्रधार : धरम राखवे की, बच्चा जनवे की, सती-साबित्रीपना निभावै की, कहाँ लौ कहैं, जिन्दा रहवे की सोई जबरई भई–

ठुमरी का एक करुण टुकड़ा नेपथ्य में गाया जाता है।

अन्य : जबरई भई जी जबरई भई–

सूत्रधार : बावनखनी रीति भई, टोहियागीरी समापत भई, भड़ुआगीरी भिखारिन भई, जाली सिक्कन की रेजगारी कबाड़खानन में भरती भई–

अन्य : भ ऽऽ ई–

सूत्रधार : गोरी नाचै, नाना नाचै, घासीराम को राजई ऐंसैं–

अन्य : राजई ऐंसैं–

सूत्रधार : बिला परमिट सब बन्द !

अन्य : बन्द हजूर, सब बन्द !

दो मशालचियों और दो सिपाहियों के साथ घासीराम का प्रवेश। सिपाही गश्त की पुकार लगाते हैं। बारह व्यक्ति घूमकर खड़े हो जाते हैं। सूत्रधार भागने के फिराक में है।

घासीराम : **(सूत्रधार की कलाई पकड़कर)** बेवकूफ ! खूब पकड़ा गया ! कहाँ जा रहा है ?

सूत्रधार : ऐंसेंई सिरकार।

घासीराम : चोरी करने ?

सूत्रधार : ने ऽ ई ऽ सिरकार।

घासीराम : तो फिर ? रंडीबाजी करने ?

सूत्रधार : नई सिरकार।

घासीराम : **(तमाचा मारकर)** सच बोल !

सूत्रधार : नईं सिरकार, सच्ची में नईं !

घासीराम : तो कहाँ जा रहा था ?

सूत्रधार : हजूर, घर जा रिया ता।

घासीराम : किसके घर ? **(मारकर)** सच-सच कह। किस छिनाल के घर जा रहा था ?

सूत्रधार : नईं हजूर, अपनेई घर जा रिया ता।

घासीराम : तो इत्ती रात गए तू बाहर क्यों घूम रहा है ? **(लात मारकर)** बोल ! बोल !

सूत्रधार : सिरकार, दाई को बुलाने गिया ता।

घासीराम : दाई को ? कौन है वो जो बच्चा जन रही है ?

सूत्रधार : हजूर, औरत।

घासीराम : वो आधी रात के वक्त ही बच्चा क्यों जन रही है ? **(कोड़ा मारकर)** बोल जल्दी !

सूत्रधार : दिन पूरे हुए हजूर।

घासीराम : कहाँ है वो तेरी दाई ?

सूत्रधार : नहीं आई। कहने लगी, परमिट नईं है। बोली, चार बजे की

तोप दगने के बाद आऊँगी।

घासीराम : ठीक ! परमिट है तेरे पास ? बोल !

सूत्रधार : परमिट तो नईं है सिरकार।

घासीराम : क्यों नहीं है ? बिला परमिट रात-बेरात घूमता है तू ? मार-मार के चमड़ी उधेड़ दूँगा।

सूत्रधार : रहम करें सिरकार।

घासीराम : **(घूँसा मारकर)** परमिट क्यों नहीं बनवाया ?

सूत्रधार : मालूमई नईं था सिरकार कि औरत के दिन रात में पूरे होएँगे–।

घासीराम : क्या ? तेरी औरत और तू नहीं जानता कि कब जनेगी ? औरत तेरी ही है न ? **(मारता है।)**

सूत्रधार : हाँ सिरकार ! मारिए मती।

घासीराम : **(सिपाही से)** जा रे, इसके साथ जा। इसके घर जाकर तहकीकत करो। अगर झूठ निकले तो नंगा करके बीस कोड़ा मारना साले को। चोर, जार, रंडीबाज़ होवे तो कोठरी में बेंड़कर साले को मिरच की रोटी खिलाना। ले जाओ।

सूत्रधार और एक सिपाही का प्रस्थान। बारह आदमी पहले की तरह पीठ करके खड़े हैं। घासीराम मूँछों पर ताव देता है।

घासीराम : छह महीनों के अन्दर-अन्दर इस लतियल शहर को ठीक करता हूँ। **(एकाएक)** यह कैसी आवाज ? दुबारा ? फिर एक बार ? रात के वक्त लोग घर में करते क्या हैं ?

बारह आदमियों में से सातवें को दरवाजा मानकर उसकी पीठ पर दो बार दस्तक देता है।

घासीराम : दरवाजा खोलो। खोलो।

वह आदमी मुड़कर आँखें मलता है।

सातवाँ आदमी : कौन है जी ? क्या काम है ?

घासीराम : अन्दर क्या हो रहा है ?

सातवाँ आदमी : मालूम नई।

घासीराम : **(बाँह झकझोरकर)** अबे, सीधे बोल। सच बोल। झूठ बोलेगा तो जबान खींच लूँगा। भीतर से काहे की आवाजें आ रही थीं ?

सातवाँ आदमी : आवाज काँ ती ?

घासीराम : भगवान की कसम खाकर सच-सच बता। हमने अपने कानों से सुनी हैं।

सातवाँ आदमी : तो पूछतेई काए को हो ?

घासीराम : **(उसकी चोटी पकड़कर)** सीधे से जवाब दे। नहीं तो एक-एक बाल उखाड़कर रख दूँगा चोटी का।

सातवाँ आदमी : **(छटपटाकर)** क्-कुछ नई। सच्ची कुच्छ बी नई। घरबारू आदमी के घर में से साब, और कौन-सी अवाज आएगी ? हमलोग सो रए ते—जरा आँख खुल गई तो—

घासीराम : भीतर कौन है ?

सातवाँ आदमी : बीबी है साब, हमारी।

घासीराम : सच कह रहा है ?

सातवाँ आदमी : भगवान कसम। आजई तो पीहर से लौटी है।

घासीराम : **(दूसरे सिपाही से)** जाओ तो। भीतर जाकर देखो तो जरा। हरामजदगी दिखाई पड़े तो घसीट के बाहर लाना। **(सातवें आदमी से)** तू यहीं ठहर !

सिपाही पीठ करके खड़े आदमियों की कतार पार करके भीतर जाता है। घासीराम मूँछों पर ताव देता है।

घासीराम : एक-एक शोहदे, लफँगे, रंडीबाज की हड्डी नरम करता हूँ। देखता जा तू।

सिपाही एक खानदानी औरत का हाथ पकड़कर लाता है। औरत बेतरतीब, बिफरी हुई। ज्यों-त्यों अपने को सँभालती है। सलीके से खड़ी रहती है।

सिपाही : भीतर थी सरकार।

घासीराम : **(पैनी आँख से देखकर)** खानदानी हो न ! **(औरत होंठ चबाकर सिर झुकाकर 'हाँ' कहती है)**

मंगलसूत्र तो दिखाना। **(वह दिखाती है।)** असली है, या दिखावे का ? इसका मालिक यही है या कोई और ?

औरत : **(ज्यों-त्यों)** येई है।

घासीराम : **(सातवें आदमी और औरत को बारी-बारी से देखकर मूँछों पर ताव देते हुए)** लगता तो नहीं है। क्या सबूत है ?

सातवाँ आदमी : सबूत ?

घासीराम : **(सिपाही से)** ए ! पड़ौसियों को बुलाओ। उठाओ सबको।

सिपाही पीठ करके खड़े आठवें आदमी की पीठ पर दस्तक देता है। यह मुड़कर उनींदा-सा खड़ा रहता है।

आठवाँ आदमी : एनु ?

सिपाही अन्य तीन जनों की पीठ ठोंकता है। सब मुड़कर गिरोह बनाकर खड़े रहते हैं।

सब लोग : **(तमिल, तेलुगु, मलयालम में एक साथ)** आदद्देनु ? एन्द सम्भविचु ? एन्न आच् ? सुद्दियेनु ? एमि आयिन्दि ?

औरत पानी-पानी हो जाती है।

घासीराम : **(इशारा करके)** यह औरत, यह इसके घर में बरामद हुई है। यह इसकी ब्याहता है ? सच-सच बताना, नहीं तो हड्डी-पसली दुरुस्त कर दूँगा—नहीं है न ? नहीं न ? बोलते क्यों नहीं ?

सब लोग गर्दन हिलाकर कहते हैं 'नहीं : है।'

घासीराम : **(खुश होकर)** यह बात ? देखा ? हरामी स्साले ! **(सिपाही से)**

बाँध लो मुश्कें सालों की और पहुँचाओ हवालात में। कल हुआ जाता है दूध का दूध और पानी का पानी। धरम-डुबाऊ, पापी, स्साले !

सिपाही धकेलकर दोनों को ले जाता है। बाकी लोग जैसे अपने-अपने घर जाने को मुड़ते हैं और पहले की तरह कतार बाँधकर खड़े हो जाते हैं।

घासीराम : **(मशालचियों से)** देखा कान हों तो ऐसे हों ! आवाज होते ही पाप का पता चल जाए। कोतवाली का नाम सुनते ही रिआया की टाँगे काँपने लगे, समझे ? चलो।

घासीराम और उसके साथी चले जाते हैं। पीठ करके खड़े ग्यारहों आदमी घूमते हैं।

अन्य : जा तरैं सैं घासीरामजी कोतवाल की जुलूम-जबरई सौं अखिल पुन्ननगरी काँपन लागी, डोलन लागी–

सूत्रधार : **(कतार में से निकलकर आगे आता है)** ला ऽ गी–।

अन्य : तौं अब कहा करो जाए ? जा पै है कछू उपाय ?

सूत्रधार : घासीराम की पीठ पै पेसवा के दीवान को पाँय ? हाथ लगाएँ तो पाँय दुचलैगो। पाँये बचाएँ तौ घासीराम कौ अन्धेर मसकैगौ। घासीराम कोतवाल–

अन्य : महाचंड भयौ, उद्दंड भयौ, बरबंड भयौ–

सूत्रधार : वाको गरब-गुमान अकास लौं छायौ–

अन्य : बासुकी कलमलान लाग्यौ–

सूत्रधार : ता पै कछू उपाय ?

अन्य : उपाय नाएँ !

सूत्रधार : उपाय नाएँ ? तौ बोलौ, रामा सिब हरी–

अन्य : मुकुन्द मुरारी
राधेक्रिस्न हरि
गोबिन्द मुरली–

घोष जारी है। पीठ करके खड़े हैं। नाना, गौरी और नाना की बीवियाँ रंग-पंचमी मनाती हुई नाचती हुई आती हैं। सब लोग रंग खेल रहे हैं, खिलखिला रहे हैं, आनन्द में डूबे हुए हैं। रंग-पंचमी की लावनी :

चलो चलो कुँज गलिन मैं होरी खेलौ पिया
गेंद गुलाबी लैके लाल हथेरी
वाही देय चलाई छाती
रंगभरी पिचकारी हाथ लये री
पूरी करौंगी रे मैं रीती
जैसे गोकुल माँहि खेलै श्री हरी
संग सिकरी ब्रज नारी
मन रीझिहैं जद गरैं लगाओ पिया।

नचनी गुलाबी आती है और लावनी पर उत्तान शृंगारिक नृत्य करती है।

नाना खुश होकर उसे कलाई से कड़ा उतारकर नजर करता है। गौरी और नाना रस में आकंठ डूब गए हैं।

डाउन-स्टेज कोने में फौजी वर्दी पहने एक अंग्रेज अफसर आ खड़ा होता है और यह धमाचौकड़ी देखता है।

पीठ करके खड़ी कतार मंच पर आगे की तरफ आकर इस दृश्य को कवर कर लेती है। लावनी जारी है। घासीराम और उसके सिपाही पूना में घूम रहे हैं।

घासीराम : अपनी बीबी और अपने शौहर को छोड़कर अगर कोई दीगर मर्द औरतों के साथ रंग खेलता हुआ दिखाई दे तो फौरन हिरासत में ले लो। नैतिकता की रक्षा करनी होगी, हर सूरत में करनी होगी। बोली बोलते वक्त जो अश्लील शब्द इस्तेमाल करे, उसे बाँधकर मेरे सामने हाजिर करो—चाहे बम्हन होय। सिर्फ बोली बोल सकते हैं, गाली नहीं दे सकते। कान खोल के सुनना, आँखें फाड़कर देखना। परमिट जाँचना। समझ गए ?

मय सिपाहियों के प्रस्थान। मंच पर आगे को आए हुए लोगों की कतार टूट जाती है; सब लोग पीछे को जाते हैं। नाना और गौरी की लावनी जारी है। एक औरत घबराई हुई दौड़कर आती है।

औरत : गजब हो गिया सिरकार, हमारी रच्छा करें। हमारे आदमी को और देवर को कुतवाल के सिपाई पकड़ के ले गिए हैं। मेरे ससुर अन्ते सिधारे हजूर, उनकी अर्थी को चिता पै नईं धरने दे रए हैं। बारने का परमिट बनवाया है सिरकार, असली है, उसको जाली कैते हैं। हम क्या करैं माई-बाप, सुबू से लहास मसान में डली है, कुत्ते जमा हो गिए हैं–अनदाता, इंसाफ होए–!

नाना : **(रस में बाधा पड़ने के कारण बिगड़कर)** अरे, कोई है ? इस औरत को हटाओ यहाँ से। बगैर इजाजत भीतर कैसे घुस आई है ? फरियाद-शिकायत सब शहर-कोतवाल के यहाँ, यहाँ नहीं। ले जाओ इसे, भीतर कोई न आने पाए।

नौकर औरत को बाहर ले जाते हैं।

नाना : **(लावनी नाचनेवाली से)** हाँ, चलने दो, चलने दो–हाय तेरी अदाकारी, वाह, क्या कहने हैं प्यारी–

नाच-गाना जारी हो जाता है। ताल पर नाचते हुए पीठ करके खड़े लोग मंच पर आगे की ओर बढ़ जाते हैं। नाच कवर हो जाता है। थोड़ी देर बाद रुक जाता है। आगे वाले पगड़ी धारण किए हुए लोग कतार बाँधकर खड़े हो जाते हैं।

सूत्रधार : दिन पै दिन चढ़त भए, मास पै मास जात भए। एक दिना पारसाल की भाँति पुन्ननगरी के सास्त्री-पंडत, आचार-बिदवान, बाम्हन-पुरोहित सब कोऊ रमना में जात भए–

अन्य : रमना में जात भए–रमना में जात भए–।

घासीराम कतार के बीच से आगे बढ़ता है और सबलोगों को कायदे से खड़ा रखने के बहाने एकाध को धक्का

मारता है, धौल जमाता है, गाली देता है। दक्षिणा पाकर तृप्त हुए कुछ ब्राह्मण दूसरी तरफ से आकर भीतर घुसने की कोशिश करते हैं। उनमें से एक अचानक चीख-पुकार मचाना शुरू कर देता है : 'हाय मैं लुट गयौ, मैं लुट गयौ– ।' बेहिसाब गड़बड़ शोरगुल। घासीराम तत्परता से मुड़ता है तो चिल्लानेवाला ब्राह्मण के पीछे से आता एक ब्राह्मण घबराकर भागने लगता है।

घासीराम : पकड़ो–पकड़ो हरामजादे को–भागने न पाए–मुश्कें बाँधों स्साले की–छोड़ना मती–पकड़ो– ।

सिपाही ब्राह्मण के पीछे दौड़ते हैं, कुछ और लोग भी। उसे पकड़कर मंच के मध्य ले आते हैं। वह बुरी तरह घबराया हुआ है। रोनी सूरत बनाकर छोड़ने की प्रार्थना कर रहा है।

घासीराम : मिल गया, जाता कहाँ है ! अबे, तू बाम्हन की औलाद, तू चोरी करता है ? **(उसे कसकर तमाचा मारता है।)** हरामी !

ब्राह्मण : नईं सरकार–नईं। हमने चोरी नईं करी–राम की सौंह हमने नईं करी–हमने कभूँ बुरा काम नईं करा, हजूर चाएँ जिसकी कसम खवा लैं–**(हाथ जोड़ता है।)**

घासीराम : इसकी तलाशी लो– ।

तलाशी ली जाती है। माल बरामद नहीं होता।

घासीराम : हो सकता है, कलदार इसने रास्ते में फेंक दिया हो। जाओ, पता लगाओ जल्दी–**(ब्राह्मण से)** ठहर जा, तुझे रामचन्द्रजी के दर्शन कराता हूँ। कुलनासी, तू समूची बाम्हन-जात को लाँछन लगवाता है !

सिपाही : **(लौटकर)** हजूर, सड़क पै नईं मिला। ढूँढ़ के हार गए।

घासीराम : नहीं मिला ? **(मूँछ पर ताव देकर)** कोई बात नहीं। कट्ठे में पाँव जाएगा साले का तो खुद-बुखद बताएगा। जाता कहाँ है ?

ब्राह्मण : (रोकर) नईं सरकार, मैंने चोरी नईं करी, मैंने गन्हाय नईं करा–

घासीराम के पाँव पकड़कर रोता है।

घासीराम : अगर तूने चोरी नहीं की तो वो गरीब बाम्हन क्यों चिल्लाया कि लुट गया। कहाँ है जी वो ?

उसे ढूँढ़ा जाता है।

सिपाही : सरकार, वो तो दिखई नईं रिया–।

घासीराम : दिख नहीं रहा ? यह कैसे हो सकता है ? तो वो चिल्लाया ही क्यों ?

ब्राह्मण : **(रोते हुए)** इसलिए सरकार, कि वो हमसैं अदावत रखता हता, जलता हता–वाके चार अनुष्ठान हमें मिल गए हते–जा में हमारा का दौस ? अफवाह हती हजूर की वो भंगिनन से फँसा है–उस्को लगै हमई फैलाई है–हम नईं फैलाई–राम की सौंह–हमें का मतलब–उस्ने हमसे बैर पाला हजूर–मुझकौं छोड़ दीजिए–**(रोता है।)**

घासीराम : **(मूँछ पर ताव देकर)** अच्छी बात है–बाम्हन देवता, तुम अग्निपरीक्षा के लिए तैयार हो ?

ब्राह्मण काँप उठता है।

: बोलो ? सच बोलते हो न ! तो परीक्षा दो, सबको तसल्ली तो हो जाए।

ब्राह्मण थरथर काँप रहा है।

: या तो गुनाह मान लो ब्राह्मण देवता, या अग्निपरीक्षा दो। कोई है ? इसे हवालात की हवा खिलाओ। कल ब्रह्म-मुहूर्त में इसकी अग्निपरीक्षा का इन्तजाम करो। जाओ, ले जाओ स्साले को–।

ब्राह्मण को घसीटकर ले जाते हैं। घासीराम दूसरी ओर से चला जाता है। कतार बाँधकर खड़े लोग गाने लगते हैं।

'पुंडलीक वरदा हाऽ रि विट्ठल–' और पीठ करके खड़े हो जाते हैं।

ब्राह्मण अकेला आता है लड़खड़ाता हुआ, और घुटनों में सिर छुपाकर बैठ जाता है। दीनता की प्रतिमूर्ति !

सूत्रधार : ता पाछैं रात भई–

अन्य : **(अस्पष्ट स्वर में)** रात भई–।

सूत्रधार : रात भई, आधी रात भई, उत्तर रात भई–बाम्हन की आँखन तैं नींद भजि गई–

अन्य : भजि गई–।

सूत्रधार : सिपाइयन की फौज आए गई–।

सिपाही आते हैं। सूत्रधार के कथनानुसार मूकाभिनय करते हैं।

: बाम्हन के दायने हात की उँगरियन कौ नख उतारयौ–उँगरियान कौं नीम्बू-साबुन सैं धोयौ पसचात् उँगरियन की निसानी दरज करी; पंजा थैलियौं में डारिकै मुहरबन्द करी। ऐसैं अगिन प्रिच्छा की तैयारी भई–।

अन्य : **(धीमे स्वर में)** ग्यानवा तुकाराम–।

सिपाहियों का प्रस्थान।

सूत्रधार : एक पहर बीति गयौ–।

अन्य : बीति गयौ–

एक व्यक्ति मुर्गे की बोली बोलता है। दूसरा साथ देता है। ब्राह्मण जो बैठे-बैठे सो गया था, जगता है।

सूत्रधार : अगिन-प्रिच्छा की बेरा आए गई–

सात मंडलन की रेखा खिंचि गई–।

कतारवालों में से एक मूकाभिनय करता है।

: ऊँ अग्निकुंडाय नमः।

अग्निकुंड चेताने का मूकाभिनय।

: लुहार आए गयो। लोहे कौ गोला अगिन में तपकैं लाल भयौ।
गोला लाल लूहर भयौ, लालई लाल भयौ।
ता गोला पै कुस डारयौ, डारतई जरिकैं भसम भयौ–
कुस भसम भयौ, गोला लाल लूहर भयौ–
मुहर जाँचि कै पंजा बाहिर काढ्यौ–
दोई हातन पै छै पात धरि दियौ–
बापैं घिऊ चुपरि दियौ–
चोरपत्र बाम्हन कैं लल्लाट पै बाँधि दियौ–।

अन्य : ग्यानवा तुकाराम– !

सूत्रधार : कोतवाल की सवारी पधारती भई–

घासीराम आकर एक ओर खड़ा हो जाता है।

: बाम्हन सौं बियान करवायौ
भंगी सौं एक कुंड में जल डरवायौ
दूजे कुंड में ढाढ़ी सौं गिरवायौ
जल की सौंह दिवाई–
अगिन-प्रिच्छा पिरारम्ह भई, अगिन-प्रिच्छा पिरारम्ह भई–

अन्य : आरम्ह भ ऽ ई–।

मन्त्र बड़बड़ाते हैं धीमे स्वर में :

: अमी वेदिम परितः क्लृप्तधिष्ण्याः
समिद्धन्तः प्रान्तसंस्तीर्ण दर्भाः।
अपघ्नन्तो दुरितम् हव्यगन्धैर-
वैतानास्तवाम् वहनयः पावयन्तु।

मन्त्रपाठ के दौरान लुहार लोहे का तपा हुआ गोला उठाने का अभिनय करता है। ब्राह्मण के पास आता है। अत्यन्त गम्भीर वातावरण : वह स्पष्ट होना चाहिए। ब्राह्मण की हथेलियाँ बलपूर्वक फैला दी जाती हैं। काँप रही हैं।

ब्राह्मण : **(एकदम बकरे की तरह चिल्लाकर)** दया करौ माई-बाप, दया करौ, मेरे हात जर जावेंगे, सरकार दया करौ–

घासीराम : **(मूँछ पर ताव देकर और अट्टहास कर)** मजबूती से पकड़ना रे उसको। पँजा आगे कराओ उसका–**(सैनिक वैसा करते हैं। ब्राह्मण से)** क्यों बे, अब क्यों बिबियाता है ? तूने तो हलफी बयान दिया है न ?

ब्राह्मण : हाँ सरकार–अपनी सौंह–।

घासीराम : तो क्यों डरता ? परीक्षा तो अब होके ही रहेगी।

ब्राह्मण : नई अनदाता, हमकौं छोड़ देओ–ओ मैया री–नईं–नईं !

घासीराम : परीक्षा होगी। होके रहेगी। तू भी याद रक्खेगा चोरी क्या चीज होती है, समझा ? लाओ जी वो तपा हुआ लोहे का गोला। हाथ पकड़ना इसके। कसके। चिल्लाए तो भी न छोड़ना। सिंकने देना पक्का। खाल के जलने की गन्ध आनी चाहिए, गन्ध !

ब्राह्मण बिबियाता है। तपा हुआ गोला उसकी हथेलियों पर रखने का मूकाभिनय। वह एकदम आर्त्त स्वर में चीखता है। गोला छिटकाकर अलग गिराया जाता है। ब्राह्मण लुँज-पुँज होकर गिर पड़ता है, अधमरा-सा। घासीराम यह सब बड़ी दिलचस्पी से देख रहा है, हँस रहा है, मुस्करा रहा है, मूँछों पर ताव दे रहा है।

घासीराम : बोल, झूठ बोला था न ?

ब्राह्मण : **(चिल्लाकर)** नईं हुजूर–।

घासीराम : नहीं ? तो तेरी हथेली क्यों जल गई ? झूठ बोला कि नहीं ?

ब्राह्मण : नईं–नईं–।

घासीराम : अब भी झूठ ? लाओ तो वह गोला और रक्खो इस हरामी की हथेली पै दुबारा।

ब्राह्मण : नईं सरकार, नईं–

घासीराम : तो कुबूल कर कि चोरी की। बोल, चोरी की या नहीं ?

ब्राह्मण : (कराहकर) नईं–।

घासीराम : नहीं ? तो उठा वो गोला और दे परीक्षा। लाओ जी गोला, इसके हाथ पकड़ना कसके–!

ब्राह्मण : **(अतीव भयपूर्वक)** नईं–मैंने चोरी करी, मैं कुबूल करता हूँ–।

घासीराम कहकहा लगाता है।

घासीराम : **(आसपास खड़े लोगों से)** लो, आ गया ठिकाने पर। काम ऐसा हो, पुख्ता। चोर, और कुबूल न करे ? ले जाओ इसको और दोनों हाथ काट के पटक दो शहर पूना की चौहद्दी के बाहर। स्साला बाम्हन और चोरी का पेशा। देखता हूँ, कौन हिम्मत करता है चोरी करने की।

घासीराम मूँछों पर ताव देकर चला जाता है।

ब्राह्मण : (तड़पकर) मैंने चोरी नईं करी, चोरी मैंने नईं करी, नईं करी–मैं बेगुन्हाय, मैं गरीब बाम्हन, तैंने मोकौं क्लेस दिया घासीराम, तैं निस्सन्तान मरैगा नीच ! एड़ी घिस-घिसकैं मरैगा ! कूकर की नाईं हिक्का दै-दैकैं मरैगा भिरिष्ट। तेरा नास होय घसिए, तेरी बिटिया कौं डाकू लै जाएँ पापी–मर गया रे, मैं तो मर गया, हा-हा-हा–!

उसके चीखने-चिल्लाने के दौरान सूत्रधार और अन्य लोग पहले धीमे स्वर में और बाद में उच्च स्वर में गाते हैं : 'राधे क्रिस्न हरि मुकुन्द मुरारी।' जैसे उसके रुदन को डूबा देना चाहते हों। मंच को कवर करके खड़े हो जाते हैं। पिछला दृश्य नहीं दिखाई पड़ता, आवाजें भी नहीं सुनाई पड़तीं, सुनाई पड़ता है सिर्फ नामघोष।

सूत्रधार : कर-टिक्कस की वसूली–

अन्य : हौन लागी।

सूत्रधार : चोरी-चपाटी, गुन्हायगीरी–

अन्य : घटन लागी।

सूत्रधार : घासीरामजी कुतवाल कौ ऐसौ भै, ऐंसी धौंस के सिगरी—पुन्ननगरी थरथर काँपन लागी—

अन्य : नाक की सीध में चलन लागी—।

सूत्रधार : चोर-जार की कम्मर ढीली भई—

अन्य : तीसमारखानन की डाढ़ी-मोंछ नुचि गई—

सूत्रधार : अनाचार मिटि गयो, भिरिष्टाचार मन्दाय गयो अरु सदाचार सोई कुम्हिलाए गयो—।

अन्य : कलजुग समाप्त भयो, घासीराम-राज आए गयो, घासीराम-राज छाए गयो।

एक ओर से घासीराम आता है।

घासीराम : **(मूँछों पर ताव देकर)** हमने पूना शहर की कोतवाली हासिल की, याँ की हर शै जन्नत में दाखिल की। हम बादशाह, शहर पूना के बेताज बादशाह—ये नाबदान में कुलबुलाते कीड़ों का शहर, हमसे माँगता पनाह ! और यहाँ का बाम्हन ? चाल तिरछी, मारेगा छुपके बरछी ! वही आज मोम-सा पिघला हुआ है, वही आज धागे-सा बँटा हुआ है। हम घासीराम, शहर पूना के कोतवाल—हिम्मत नहीं कर सकता कोई कि टेढ़ी नजर से देखे; अगर देखे तो दुबारा देख न पाए। **(रुककर)** यों तो सब भगवान की कृपा है, मगर इक बात है कि दिल खफा है। मेरे जिगर का टुकड़ा, मेरी ललिता गौरी की फिक्र सताती है, मेरी आँखों की नींद उड़ी जाती है। लाड़ली के हाथ पीले हो जाएँगे जिस दिन, गंगा नहाए मानेंगे हम उस दिन। फिर देखते हैं उसके खिलाफ कोई क्या कहता है, जो कहता है वो जड़ से जुबान खोता है। बस, हमें वर की खोज करनी है, यह हमारा काम इसमें देर नहीं लगनी है। हम रुपए की रुपहली नदी बहा देंगे, सोने-जवाहिरात से नौशे को मढ़ देंगे। मेरी गौरी चाँद की किरन है, उसके सामने लग जाए औरों को

ग्रिहन है। बस्स ! यही बन्दोबस्त करता हूँ, सवारों को हर सिम्त रवाना करता हूँ–। **(जाता है।)**

पूर्वार्द्ध के आरम्भिक अंश की भाँति वही ब्राह्मण सीना तानकर तेजी से जाने लगता है।

सूत्रधार : ओ ऽम्महाराज, नेक रुकौ !

ब्राह्मण : तैं फिरि आए गयौ बे, हट असगुनी, सामने तैं हट। हमकौं अबेर होए रही।

सूत्रधार : महाराज, आज कौन बिरम्ह-कारज काढ़ा ?

ब्राह्मण : ले, तैं टोकई दीन्हा रे भंगी ! काज-बिगाड़ू, अब तो भयौ–।

सूत्रधार : भयौ ? बेटा भयौ कैं बिटिया भई ? कौने भई ?

ब्राह्मण : तोरी मैया कैं भई ! हट, रोकै जिनि, जान देय–।

सूत्रधार : पै ब्राम्हन देवता, को है भागमान ? जाँ टिड़ी-बिड़ी जाए रहे सिरिमान !

ब्राह्मण : भागमान ? को है ?

सूत्रधार : की का है ?

ब्राह्मण : का है ? बियाह ?

सूत्रधार : **(ताली पीटकर)** जानि गयौ महाराज ! तभई इतैक हुलास !

ब्राह्मण : तोरी सड़ै सहास ! हम जातई भले–।

सूत्रधार : पै बियाह की का महाराज ? कौने संग ?

ब्राह्मण : तोरी मैया का, वाकै यार संग ? असगुनी ससुर ! **(जाने को होता है।)**

सूत्रधार : दच्छिना चकाचक मिलैगी न महाराज ?

ब्राह्मण : मिलैगी ? अरे, बँटैगी, लुटैगी ! बियाह कीका ? पै, तैंने कैंसैं जाना बे ?

सूत्रधार : बाम्हन के मौं सैं कढ़ि गयौ महाराज।

ब्राह्मण : का हमारे मौं सैं कढ़ि गयौ ? नौकोट नानाजू कौ बियाह ? हरे राम, हरे राम !

सूत्रधार : **(ताली पीटकर)** नाना कौ बियाह !

ब्राह्मण : अरे अरे, चोप्प !

सूत्रधार : नाना कौ सातवौं बियाह ! है कै नाहीं ? का हौ बाम्हनदेवता ?

ब्राह्मण : धीमें बोल रे ! हमारा मूँड़ कटवायगौ ?

सूत्रधार : सो कैसे ?

ब्राह्मण : हट यासैं ! हम हवेली में जाए रहे हैं। बातैं होए रई हैं, पक्केयात होवे कौं है, होय गई-सी है। पै गुपुत है। मौं सैं कढ़ि जाएगी तो घासीराम खाल खिंचवायगौ, जानत ? सुनिकै अनसुनी करि देय। बिटिया अभऊँ चौदह बरिस की नाएँ भई, जानै तैं ?

सूत्रधार : नाहीं ! आप चिन्ता जिनि करौ। जाऔ। या कान की वा कान नाहीं सुनि पायगौ।

ब्राह्मण तेजी से जाता है।

: **(उसके पीछे जाकर)** महाराज–महाराज–**(पीछा करने का खयाल छोड़ देता है।)** ई एक पुरोहत जात भए–**(दूसरा ब्राह्मण जाता है।)** ई दूसरे पुरोहित जाए हे, ई तीसरे जाए रहे–**(तीसरा जाता है।)** चउथे जाय रहे पाँचवे जाए रहे, छट्ठे सोई जात भए–काँ लौं कहैं, साड़े सत्ताईस पुरोहित महाराज जात भए–।

सभी ब्राह्मण अलग-अलग तरीके से कॉमिक चाल से जाते हैं।

: हवेली में नानाजू के सातवें बियाह की तैयारी होए रही–

अन्य : होऽए रही–।

सूत्रधार : बियाह की तैयारी होए रही, तैयारी होए रही, नानाजू के बियाह की तैयारी होए रही–

अन्य : खूबई जोर सै होए रही–।

मंच पर पुरातन वैवाहिक विधियों और तत्सम्बन्धी भागदौड़ का मूकाभिनय।

सूत्रधार : हमारे नाना कौ ऽ बिया ऽ ह
उम्मर बन्नी की बार ऽ ह
हमारे नाना कौ बिया ऽ ह
बन्नी हमरी है मुलायम
कै तौ ककड़ी नऽ रम–नऽ रम
बन्नी पतरी गोरी-गोरी
कै तौ सुन्ने की होए डोरी
बन्नी देखैं सै लजाए
जैसी ईगुर ढुलकौ जाए
हमारे नाना कौ बियाऽ ह
उम्मर बन्नी की बारऽ ह

मंच पर सामुदायिक मूकाभिनय आरम्भ हो जाता है।

: बाम्हन आए
महुरत ढूँढ़ो

जब तक मंच पर मूकाभिनय जारी है, उपर्युक्त पंक्तियाँ दुहराता है।

: जमे बरती
मँड़वा गाड़ो

मंच पर इसका भी मूकाभिनय।

: गहनो लाए, थाल सजाए
धूम मचाई, ठाठ रचाए

मंच पर मूकाभिनय।

: नाना सै ऽनाई बजवा ऽ ए
हमारे नाना कौ बिया ऽ ह
उम्मर बन्नी की बार ऽ ह
हमारे नाना कौ बिया ऽ ह

मंच पर विवाह-विधियाँ।

सूत्रधार : चलौ जी चलौ, जल्दी चलौ।
जल्दी-जल्दी-जल्दी-जल्दी,
जल्दी चलौ–
नाना पेस्वा कौ परधा ऽ न
उम्मर लड़कैयाँ, नादा ऽ न
मूँछैं पकि आई काल-परौं
झरी नाएँ बत्तीसी सिग ऽ री अब लौं
पाँव छूवे सैं कम्मर झुकि आई
ध्यान धरबे सैं आँखैं मिंचि आई
यों तो नाना कर चुके छै शादियाँ,
किस्मत बुरी फलती नहीं छै बीवियाँ
करना पड़ा है सातवाँ उनको बियाह
दिल नहीं भरता, करैं क्या, आह !
अब नई परधाननी जो आएगी
दुधमुँही, सेवा नहीं कर पाएगी
दरकार हैं बस डेढ़ दर्जन दासियाँ
खुशनुमा, मजबूत माहिर दासियाँ–
इसलिए
सखूबाई, लालूबाई, कालूबाई, सईबाई जल्दी चलौ जी।

मंच पर मूकाभिनय जारी है। वधू को लाया जाता है। नई साड़ी व घूँघट से ढकी होने के कारण दिखाई तक नहीं पड़ती।

सूत्रधार : पी-पी-पी-पी बजी नफीरी
खँजड़ी, ढोलक, चंग, पखावज
नाचे छप्पन टिकुलीवाली–चलौ, जल्दी चलौ–।

नाना को नौशे की वेशभूषा में लाया जाता है।

: नाना चलिकै, दुआरे आए
कैंसें बन्नी कौ ले जाएँ
"दो सौ मुहरें गिनकै दूँगा
बन्नी को मैं ले जाऊँगा"
ऐंसें बेटी की मैया बिक जा ऽ ए
हमरे नाना को बिया ऽ ह
मड़वे नैंचें नाना आए
बन्नी कौ जी घ ऽ ब ऽ राए
दुनिया गाए बन्नी रोए
कोऊ आँसू, देख न पाए
नाना स ऽ सुर को बुलाए
वासौं कानन में बतियाए
खेत-ज़ऽमीन दिलवाए
हीरा फोकटिया पा जाए
बन्नी पाथर की होए जाए
ऐसे बन्नी की इज्जत लुट जा ऽ ए
हमारे नाना कौ बिया ऽ ह।

मंच पर अन्तर्पट ताना जाता है। सूत्रधार मंगलाष्टक गाता है।

: तदेव लग्नं सुदिनं तदेव
ताराबलं चन्द्रबलं तदेव।
विद्याबलं दैवबलं तदेव
लक्ष्मीपतेंऽघ्रियुगं स्मरामि।।
इष्टदेवता कुलदेवता चिन्तनम्
समुहूर्त सा ऽ वधा ऽ न !
अतिसमीप सा ऽव धा ऽन !
शुभमंगल शाऽवधाऽन !

अंग्रेज आता है, दृश्य देखता खड़ा हो जाता है। अन्त में घोषणा–

'शुभमंगल सावधान !' 'बजाओ ऽ रे, बजाओ !' अनेक वाद्य एक साथ जोर से बज उठते हैं।

घासीराम जल्दी-जल्दी आता है। देखता है और चोट खाया खड़ा रह जाता है।

नाना और उसकी सातवीं बीवी की बारात मंच पर एक चक्कर लगाकर चली जाती है। बारात में अंग्रेज भी शामिल है। गीत : बन्नी चली सासरैं, हो बन्नी चली सासरैं।

घासीराम : **(बारात के भीतर चले जाने के बाद)** कहाँ है मेरी बेटी ? कहाँ है ? **(वह अब मंच पर अकेला है।)** मेरी लाड़ली गौरी कहाँ है ? नाना ! मैं जिन्दा हूँ, तुझे छोड़नेवाला नहीं हूँ। **(जाता है।)**

विंग में कतारवालों का गीत :

बन्नी चली सासरैं
बता इसका कोठी वाल
चार महल चालीस दुआर
आँगन ऐसा ज्यों आकास
तारों फूला बेला रे
बन्नी चली सासरैं

दूसरी ओर से नाना और नई वधू का प्रवेश। जैसे शय्यागृह में आए हों। नाना की वधू एक किनारे काँपती हुई खड़ी है। नाना सदरी उतारता है। कुरते की बाँह मोड़ता है। कामातुर है। वधू के पास जाकर छेड़छाड़ करता है। वह बहुत डर जाती है।

नाना : आओ प्यारी, आओ। हमारे पास आओ, हमारे पहलू में समा जाओ। **(वह नज़दीक नहीं आती।)** कितना इन्तज़ार कराओगी ? **(वह डर जाती है।)** ओहो, तुम तो बेवजह शरमाती हो, यकीनन हमपै बिजलियाँ गिराती हो। **(वह मुँह फेर लेती है।)** नाजुक बदन हो, लाज क्यों ओढ़े फिरो ? हटाओ भी, उतारकर

अलग कर दो—।

धींगामुश्ती पर उतर आता है।

एकाएक घासीराम हाथ में नंगी तलवार लिए बीच में कूद पड़ता है।

घासीराम : नानासाहब, हमारी गौरी कहाँ है ?

नाना : **(चौंककर)** अएँ ? **(इतना डर जाता है कि मुँह से बोल नहीं निकलता।)** क्-कौन ? घ—घासीराम ?

घासीराम : मेरी लाड़ली बेटी कहाँ गई नानासाब ?

नाना : होगी, यहीं—कहीं—हमने नहीं देखी—हम तो बियाह के—

घासीराम : **(तलवार दिखाकर)** नानासाहब, सीधे से बता दो, नहीं तो—

नाना : **(घासीराम का तेवर देखकर धोती सँभालकर)** न—नहीं घासीराम—सन्—सुनो घासीराम—व्—वो बात—

घासीराम : बात रहने दो नानासाब, बताओ कि लड़की कहाँ है, दस दिन हो गए आज, किसी को दिखाई तक नहीं दी—।

नाना : हैं ? भाई, हमको बिलकुल पता ही नहीं—हम खुद—

घासीराम : **(एकदम आक्रामक होकर)** जल्दी बताओ—बताओ, नहीं तो इसी दम—

नाना : ब्—बताते हैं, ब्—बताते हैं—वो—क्या तो—वो—चू—चन्द्रा दाई के यहाँ—

घासीराम : क्यों ?

नाना की हालत खराब। उसकी नई बीवी थरथर काँप रही है। लगता है, जैसे घासीराम नाना को चीरकर दो कर देगा, मगर वह ऐसा कुछ नहीं करता।

घासीराम : चन्द्रा दाई ? कस्बेवाली ?

नाना : **(घबराकर)** हाँ-हाँ, वही—।

घासीराम अपने को जब्त करके जल्दी-जल्दी चला जाता है। नाना लम्बी साँस लेता है। अपने को बदलता है।

: **(वधू से)** ओ हो ! डर गईं तुम ? हँ-हँ वो घसिया क्या बिगाड़ लेता नाना का ? उसके पित्तर उतर आएँ तो भी क्या होता है ! हुक्म देने की देर, हवा में उड़ जाएगा ! चलो, चलो न– ।

उसका हाथ पकड़कर जाने को होता है। नाना का एक पाँव जरा-जरा काँप रहा है।

: **(पाँव सहलाकर)** पाँव लगता है, सुन्न पड़ गया है। **(रुककर, ताली बजाकर)** कोई है ?

सूत्रधार : **(प्रवेश कर)** हुकुम सरकार–!

नाना : इस घसिए को अब महल में घुसने न दिया जाए, समझा ? जबरदस्त पहरे का इन्तजाम किया जाए–हमारे इर्द-गिर्द सिपाहियों की तादाद बढ़ाई जाए। जा सकते हो–**(वधू को आगे ठेलकर खुद पीछे-पीछे जाता है।)**

दूसरी ओर से एक काली-कलूटी औरत, मुँह छिपाए आती है। यह चन्द्रा दाई है। उसके पीछे आ रहा है घासीराम, जैसे खूँख़्वार जानवर हो।

घासीराम : कहाँ है हमारी लाड़ली बेटी ? बताओ, कहाँ छिपा रक्खा है ?

चन्द्रा : **(बेंत के मानिन्द काँपकर)** हजूर हिंयई उसको–उसको गाड़ दिया ता– ।

घासीराम : कहाँ ? यहाँ ?

धम्म से धरती पर बैठकर जल्दी-जल्दी हाथ से मिट्टी खोदने का अभिनय करता है। दौड़कर किनारे पर जाता है, फावड़ा लेकर आता है, जल्दी-जल्दी मिट्टी हटाता है और कुछ ऐसा देख लेता है कि क्षण भर आँखें फाड़कर देखता रह जाता है।

घासीराम : **(मुँह छिपाकर)** मेरी गौरी ! गौरी, मेरी गौरी ! मेरे जिगर का

टुकड़ा ! ये क्या हुआ ? तू यहाँ कहाँ ? ये नाना ने तेरा क्या किया ! हा-हा ! गौरी, उस शैतान ने ये क्या किया ? नाना—हैवान—(**उठकर खड़ा हो जाता है। पाँव से मिट्टी गड्ढे में ठेलता है। उसके सिर पर जैसे खून चढ़ा हुआ है। ध्यान. चन्द्रा की ओर जाता है। वह प्राणभय से काँप उठती है।**) तूने मेरी प्यारी बेटी को मार डाला, कमीनी, मैं तुझे जीता नहीं छोड़ूँगा—(**उस पर टूट पड़ता है, गर्दन पकड़कर दबोचना शुरू करता है तो मारकर ही दम लेता है।**) जा—जहन्नुम में जा—(**एकाएक अबोध शिशु की तरह बुक्का फाड़कर रोने लगता है। कटे पेड़ की तरह जमीन पर गिर पड़ता है।**) गौऽरी—मेरी लाड़ली—ये क्या हो गया—अब मैं क्या करूँ—ये काला मुँह तुझे कैसे दिखाऊँ—मैंने ये क्या किया ? मैंने तुझे बेटी—नहीं, नहीं, मैंने नहीं, नाना ने किया—नाना ने—वो मेरा दुश्मन सात जनम का—छिप गया स्साला—बाहर आ हरामजादे—सामने तो आ— ।

नाना घबराया हुआ मगर हिम्मत बटोरकर आता है। चुपचाप खड़ा रहता है। घासीराम नाना की तरफ फटी-फटी आँखों से देखता है, देखता रह जाता है।

घासीराम : कौन ? नाना ? नानासाब ?

नाना : (**थूक निगलकर, धीरज से**) हाँ घासीराम, हम—(**जरा आगे बढ़कर**) घासीराम धीरज से काम लो भाई। शान्त हो जाओ। कुछ भी हो, कायदा है, चलना पड़ता है, कोई भला उसे तोड़ सकता है ? तुम आखिर किसकी हाजिरी में हो ? पहले अदब से सलाम करो। कर भी लो घासीराम, पहले सलाम— ।

घासीराम पालतू जानवर की तरह काबू में आ जाता है। झुककर मुजरा करता है मगर उसकी आँखों में लहू उतर आता है।

नाना : शाबाश। हम तुम्हारी वफादारी की तारीफ करते हैं। हमारी मेहरबानी से तुमने कोतवाल का ओहदा हासिल किया। हम तुमसे खुश हैं।

घासीराम : मगर नानासाब–!

नाना : (**चौकन्ना होकर घासीराम के पास जाता है जो उसे अंगारभरी आँखों से एकटक देखता है। नाना सावधानी से उसकी पीठ पर हाथ रखता है।**) हम तुम्हारी तकलीफ समझते हैं घासीराम–

घासीराम : लेकिन नानासाब, ये तकलीफ तुम्हारी दी हुई है, तुमने–।

नाना : वहम है बेटे, और क्या कहें ! करने-करानेवाला तो वो है, ऊपरवाला मालिक हमारा, हम बराएनाम, महज अदना-सा बहाना। बैठो घासीराम, हम तुम्हें समझते हैं।

घासीराम : (**झटके से दूर होकर**) नहीं, तुम हमें उल्लू बनाते हो नानासाब, यह तुमने किया–मेरी लाड़ली का तुमने कत्ल किया–तुमने मेरी इकलौती बेटी की जान ली, मेरी मासूम बेटी को मुझसे छीन लिया–।

नाना : (**जरा हटकर**) तुम आपा खो बैठे हो घासीराम। तुम पर गम का साया छा गया है। भाई, अपने हाथ से तो हमने कभी मक्खी तक नहीं मसली–इन हाथों में रही क्रिशन कन्हैया की मुरली, जिसने गोपियों की भूख-प्यास हर ली–(**लहजा बदलकर**) और पेशवा के प्रधान के खिलाफ इलज़ाम लगाने से पहले तुम्हें सौ बार सोचना चाहिए। तुम होश में तो हो न ? तुम पेशवा के प्रधान की पेशी में हो घासीराम–।

घासीराम : (**जनून नहीं उतरा है, मगर मूढ़ हो रहा है।**) नानासाब–।

नाना : क्यों लगातार नानासाब के नाम का मन्त्र जप रहे हो, बेकार। जो होना था, हो गया, गंगाजी में बह गया। गतं न शोच्यम् ! वेदों ने ही कहा है। और घासीराम, क्या हम, क्या तुम–कोई अमरता का परवाना लिखकर लाए हैं ? (**लम्बी साँस लेकर**) हम सबको एक रोज जाना है भाई, यहाँ नहीं रहना है। हवा की एक फूँक में उड़ जाएगी यह जिस्म नाम की मिट्टी, रह जाएगी जमीं पर बस खाक चार चुकटी–।

घासीराम : लेकिन, मेरी गौरी—?

नाना : वह थी, यह भी महज वहम है घासी, कौन गौरी, कौन मेरी ! इसी को कहते हैं माया, नहीं रह जाएगा इत्ता-सा साया। मरना भी मिथ्या, जीना तक मिथ्या। कोई नहीं किसी का, याँ रैन-बसेरा सबका। न कोई बेटी है, न कोई बाप; अरे, रह जाते हैं हम अकेले आप। जिन्दगी भी तो एक स्वाँग है, नौटंकी; क्या-क्या तो गुल खिलाए ये बेरहम छटंकी। मगर घासीराम जब तलक साँस की चरखी चलेगी; तब तलक भाई, नहीं छुट्टी मिलेगी। काम तो करना पड़ेगा, बोझ को ढोना पड़ेगा। बस्स। हम प्रधान, तुम कोतवाल, हमें चलनी है अपनी-अपनी चाल। तो घासीराम, देखो अपना काम। बहुत बड़ी जिम्मेवारी है तुम पर, पूना की कोतवाली का दारोमदार तुम पर। मगर हम तुमसे निहायत खुश हैं, घासीराम, जाओ, तुम, अपने काम पर ज़ाओ, हमें भी बहुत काम है—हाँ, जाने से पहले मुजरा करना न भूलना—। (**नाना में अब पर्याप्त आत्मविश्वास पैदा हो चुका है मगर पाँव अब भी जरा-जरा काँप रहे हैं।**) और हाँ—जो हादसा हो चुका है, उसे दबा जाना, अपने तईं रखना। आखिर तुम्हारी आबरू हमारी आबरू है। दाब तुम्हारा, तभी तो रौब हमारा। पेशवा के कोतवाल के बारे में कोई उलटी-सीधी जड़ेगा, हमें अच्छा नहीं लगेगा। बात जाहिर न होगी, पोशीदा रखने की जिम्मेदारी हमारी होगी। फिर कोई नामाकूल अगर बकता है ऊल-जलूल, तो चुप न रहना, सिर उड़ा के दम लेना। यह बात हम लोगों के बीच रहेगी, पेशवा तक बिलकुल न पहुँचेगी—ये वादा ले जाओ, अपने काम पर हाजिर हो जाओ—जाओ—।

घासीराम मूढ़ की भाँति जाने को होता है।

नाना : लो, कर दिया न गुड़-गोबर, जा रहे हो गुस्ताखी कर ? इतना सिखाया, समझाया, तुम्हें सलाम करना न आया ?

घासीराम मुजरा करता है।

: शाबाश ! आदमी है तो कायदे से रहे, तुम तो घासीराम भकुआ

ही रहे ! अएँ ?

मूढ़-सा घासीराम जाता है। नाना ताली बजाता है। सूत्रधार आता है।

नाना : गौरी की लाश को यहाँ से फौरन हटाओ, नदी में बहा दो, समझे ? अगर उसकी एक भी हड्डी मिलेगी तो याद रखना, तुम्हारी हड्डियाँ चकनाचूर होंगी।

शाही ठाठ से जरा-जरा थिरकते हुए नाना का प्रस्थान। करुण लय में–'बन्नी चली सासरैं'।

सूत्रधार मौन खड़ा है। तीन व्यक्ति आते हैं। गौरी की लाश को ठठरी पर रखने का दुखभरा अभिनय करते हैं। पीछे की ओर कतारवाले लोग इकट्ठा होकर धीमे स्वर में गुनगुनाते हैं :

: राधेक्रिस्न हरि
मुकुन्द मुरारी
राधेक्रिस्न हरि
गोबिन्द मुरली–।

गौरी के प्रेतवाहक जाते हैं। गुनगुनाहट जारी रहती है। सूत्रधार लौट आता है।

सूत्रधार : गौरी विचारी परलोक सिधारी, नाना जियत रहैं परम सुखारी। घासीराम कोतवाल के करेजे कौं गौरी-बिछोह काटि गयौ, वाको हिरदै फाटि गयौ। पै कुतवाली कौ का होयगौ ?

अन्य : का होयगौ ?

सूत्रधार : कुतवाली तौ चलैगियई चलैगी–

अन्य : आबरू तौ टिकैगियई टिकैगी–।

सूत्रधार : ठसक तौ रहैगियई रहैगी–

अन्य : रहैगी, रहैगी–।

सूत्रधार : गुन्हायगार थरथर कँपैंगे–

अन्य : कँपैंगे, कँटैंगे, कँटैगे, कँटैंगे–।

सूत्रधार : जातें गुन्हाय नाएँ होय सो चोर अरु साह, धरमातमा अरु पाखंडी, सबन पै आतंक उतपन करैं चैए–।

अन्य : बेसक करैं चैए, नैकई रियात नाएँ करैं चैए–।

सूत्रधार : आतंक कौ रोज रिआज करैं चैए। घासीराम कुतवाल की कवाँरी बिटिया हामला होए कैं मरि गई, सो कोऊ आँसू नाएँ बहाय चैए, दया नाएँ करैं चैए–

नेपथ्य में घासीराम का गरजना :

'ऐ स्सुअर का नाती ! हमें देखकर हँसता है ? अएँ, हँसता है ? क्यों हँसता है ? बोल क्यों हँसता है ? ठहर, तेरी बतीसी गिराता हूँ स्साले–।' किसी का वेदना से जानवर की तरह चीखना। घासीराम : 'जा, मर जा, खबरदार किसी ने इसे छुआ तो !' मंच पर आता है। बिलकुल बदला हुआ। हथेलियाँ खून से सनी।

घासीराम : **(अदृश्य रक्त को सन्तोष से देखकर)** कैसा अच्छा लगता है। **(अदृश्य रक्त देखता हुआ मंच पर घूमता है।)**

सूत्रधार : दिन जात भए, रात बीतत भई–
कोतवार की मुँड़ी रीतत भई–

अन्य : रीतत भई–।

सूत्रधार : लहू को सुआद जाने ऐसौ बाघ, वाकी नाईं कुतवाल की हालियत भई–

अन्य : घासीराम कुतवाल कैं मानुस के लहू की चाट परि गई–।

सूत्रधार : चाट परि गई सो थमै नाहीं, चित्त कहूँ लागै नाहीं–

अन्य : चित्त कहूँ लागै नाहीं–।

सूत्रधार : आँखिन में निद्रा उतरै नाहीं–

अन्य : नैक पलक झपकैं नाहीं–।

सूत्रधार : इतेक-इतेक निमित्त करिकैं कुतवाल–

अन्य : मानुस फारन लागा, मानुस मारन लागा–।

सूत्रधार : सिगरी पुन्ननगरी कौ टेंटुआ मसकन लागा, तासैं हाय-हाय मची–

अन्य : भीतर की साँस भीतर अरु बाहिर की बाहिर ई रई–।

सूत्रधार : जीवै कौ बिस्सास नाएँ रह्यौ, तासैं प्रान आधैं-आधैं कढ़न लागे–

अन्य : आधैं-आधैं करिकै पूरम्पूर कढ़न लागे।

घासीराम नेपथ्य में जा चुका है।

सूत्रधार : बिपाद कौ समै आए गयौ। काँ जाएकै फरियाद करैं, की कै अगाड़ी दुखड़ौ रौवैं, मति काम न देवै। हालियत ऐंसैं बिगरी के जियतई बँधी ठठरी–।

कतारवाले एकदम :

'बावनखनी में मथुराजी उतरी–
राधेक्रिस्न हरि गोबिन्द मुरली'–

गुनगुनाते हैं।

नाना और गुलाबी नाचते हुए आते हैं।

लावनी : पिया, मोहे रैन दिना नित जारैं।
मैं लरिकाई सों चरण तिहारे आई,
राख्यौ मैं अन्तर नाहीं।
तुम काहे कीन्हीं हमकौं सेज मनाही,
कछु कारन दीन्हो नाहीं।
यह विरह ताप की अगन सही
नहिं जाई, मोसे जियो न जाए कहान्ई।
पल-पल मैं धाऊँ, ठाड़ी रहौं दुआरे।

नाना : हय-हय-हय-हय तेरा नखरा। हाय रे तेरा गुलगुला मुखड़ा !

कतारवालों का गुनगुनाना और नाच जारी रहता है। कतार में खड़े अन्य लोग भी पगड़ी पहनकर उपरना हिलाते हुए नाचना शुरू कर देते हैं। बावनखनी का दृश्य उभरता है। नेपथ्य में आर्त्त चीख-पुकार, कराह की संगत। गुलाबी लावनी पर नाचती है। नाना सुध-बुध बिसारकर गले का हार, हाथ का कड़ा उतार-उतारकर नजर करता जाता है। नाचते हुए दोनों का प्रस्थान।

सूत्राधार : पुंडलीक वारदा हाऽ रि विट्ठल—
ज्ञानदेव तुकाराम, नानादेव तुकाराम।

कतारवाले फैल जाते हैं और दक्षिणात्य ब्राह्मण बनकर सामने आते हैं।

एक : **(दक्षिणी लहजे में)** पंडित, पुण्यनगरी येई— ?

सूत्रधार : येई, महराज, अन्धेरनगरी येई।

दूसरा : **(न समझकर)** क्या ऽ आ ? अँगरेजनगरी ?

सूत्रधार : नाहीं, पुन्ननगरी। येई।

तीसरा : बहु ऽ त आनन्द। मुकाम येई।

चौथा : पुण्यनगरी—नसीब का जोर—नियति—सौभाग्य।

सूत्रधार : दुर्भाग्य !

तीसरा : बहु ऽ त नाम सुना ऽ जी ! ख्याऽ ती।

दूसरा : पेशवा—दया ऽ लू, दानवी ऽ र—सुनाऽ जी—दूऽ र—।

पहला : हम दरिद्रजी ! पुण्यनगरी—बात पूछा, आया—।

सूत्रधार : आया ? धन्न भया ! नसीब में लिखा सोई पाया—नसीबजी साथ देना जी, प्रभु सौं येई प्राथना जी ! पुण्यनगरी अप्पा—।

दूसरा : आनन्द, आनन्द ! इयर दर्मशाला ?

सूत्रधार : धर्मशाला नँजीक नाएँ, वा बगीचा में प्रिस्थान धरौ। वा—जा नाहीं—वा तो कुतवाल की—व्हाँ भूलिकै न जाना—वाकी हरा बुरई—वाके लगतई सिरी गनेश मन्दिरवारी। व्हई उतरौ, रात गुजारौ। काल्हि ढूँढ़ौ—नियत, सौभाग्य ! कहूँ हौए तो मिलै। पै सम्हारि कै। रामराम !

सूत्रधार जाता है। ब्राह्मण चार कदम चलकर बागीचे में पहुँचते हैं। खुश हैं। बैठ जाते हैं, सुस्ताते हैं, लेट जाते हैं।

एक-एक : पुण्यनगरी—बहूऽत सुन्दरी—बहूत बाँका—रावण का लंका—(**एक-दूसरे को एक-एक स्थान दिखाते हैं, बैठे-बैठे।**) पार्वती—चतुरसिंगी—सुन्दर—अति सुन्दर— !

पहला : (**चिन्तायुक्त स्वर में।**) बूक ! बौत बूक !

दूसरा : बहू ऽत बूक

तीसरा : भू ऽ कऽ —(**एकाएक ऑफस्टेज देखकर प्रसन्नता से**) अप्पाऽ, फल ?

चौथा : मधुर फऽ लऽ ।

सब आनन्दित हो जाते हैं। एक-दूसरे को खींचकर ले जाते हैं। फल तोड़ने-खाने का मूकाभिनय। पेट भरा है, चेहरों पर खुशी है।

घासीराम : (**नेपथ्य में चिल्लाकर**) कौन है ? कौन फल चुराता है ?

घोड़े पर सवार होकर आता है। कुछ लोग जल्दी उठ खड़े होते हैं, कुछ बैठे रहते हैं।

: पकड़ लिया ! चोऽ र साले ! कोतवाली के बागीचे के फल किसने चुराए ? बोलो !

कोई नहीं जानता कि खुद कोतवाल आकर खड़ा है !

घासीराम : खड़े हो जाओ सब लोग !

जैसे-तैसे गँवई-गाँववालों की तरह खड़े हो जाते हैं। फल खाना बन्द नहीं करते।

: ठीक से खड़े रहो, सीधे !

वे लोग विशेष ध्यान नहीं देते।

: **(मूँछों पर ताव देकर)** कोतवाली का कानून तोड़ते हैं, ऊपर से बेअदबी ? कोई है ?

भीतर से सूत्रधार और अन्य तीन-चार लोग आते हैं।

: पकड़ लो सबको। कोतवाली में बन्द कर दो च्चोरों को, ताला ठोक दो। सबेरे फैसला किया जाएगा शोहदों का। ले जाओ—।

फल खानेवालों को खींच-खाँचकर पकड़ते हैं। वे सब बुरी तरह डर गए हैं। समझ नहीं पा रहे हैं कि क्या हो गया है। उन्हें धक्का मारकर ले जाया जाता है।

सूत्रधार : **(लौटकर खाँसता हुआ, साथवालों से)** रानबा, जे तो ऐसेंई तो गिया यार के सैर भरी ठंडाई में भंग रत्ती भर की; इत्तीसी कुठरिया औ साली भीड़ सवासौ की। धँसई नई ससुर। तो भैया, मैंने सब तरफ सैं ठूँसा, हियाँ सैं ठूँसा, हुआँ सैं घूँसा तब जाके कई घुसे हैं। धत्तेरे जमाने की कि बेट्चो, पूना के जिहल छोटे पड़ गए। कलजुग आ गिया स्साला। यार, निकाल कछू चिलम-इलम। बम्भोले की, सुबू तलक टाँग पसारकै धरै रयेंगे।

खाँसता हुआ चला जाता है। बाद में अन्य सब लोग जाते हैं। फौरन लौटकर आते हैं सूत्रधार और कतारवाले बनकर।

सूत्रधार : रात भई—

अन्य : भई—।

सूत्रधार : आधी रात की बेरा भई—

अन्य : भई– ।

सूत्रधार : पुन्ननगरी नींद में गाफिल भई–

अन्य : भई– ।

एक व्यक्ति कुत्ते के रोने की आवाज की नकल करता है। दूसरा दूसरी ओर से उसी आवाज में जवाब देता है। तीसरा गश्तवाले की बोली बोलता है : 'जागते रहो !' सारी आवाजें एक-दूसरी में घुल-मिल जाती हैं, अस्पष्ट हो जाती है। नेपथ्य से :

'बच्चाओ ! हम मरा ! श्वास ! श्वास नईं आता ! अम्मा गे ! बच्चाओ ! छुड़ाओ !–'

जैसे दम घुट रही है, साँस लेने की ज़ोर की आवाज़ें।

सूत्रधार : कुठरिया के ब्राह्मनन कौं हवा नाएँ–
साँस नाएँ–साँस नाएँ सो प्रान तरफरान लागे–
बाम्हन चिचियान लागे, कराहन लागे, फरफरान लागे–
त्राहि-त्राहि पुकारन लागे– ।
पै है कोऊ राखनहारा ? कोऊ नाएँ !
सोए रहे हैं मरद-औरत; सो
खुरखुराए रहे, पहरेदास नसे में बर्राय रहे। ऐसैं में कछू बाम्हन
टैं बोलि गए–

अन्य : राम नाम सत्त है– ।

सूत्रधार : कछू अधमरे होए गए। सुधबुध हिरानी, जमपुरी दिखानी–

अन्य : भौं-निसा सिरानी– ।

विंग में से कराहने की आवाज।

एक पगड़ीधारी ब्राह्मण उपरने से कान ढँककर आता है और मन्त्र पढ़ता हुआ जल्दी-जल्दी निकल जाता है। एक बरेदिया काल्पनिक चौपायों को हाँककर ले जाता है। कराहने की दुबारा आवाज। घोड़े पर सवार एक सरदार

जाने लगता है। कराहने की आवाज सुनता है। रुकता है। घोड़े-से उतरकर विंग में जाता है। दौड़कर मंच पर आता है। घबराया हुआ।

सरदार : **(बेतहाशा चिल्लाकर)** अरे कोई है ? दौड़ो, दौड़ो ! फौरन आओ ! अरे, कौन है ? पहले इधर आओ। देखो ये क्या हो गया !

कतारवालों में से कुछ लोग दौड़कर आते है।

: इस कोठरी का दरवाजा तोड़ो, भीतर आदमी फँसे हैं। साँस नहीं ले पा रहे हैं ! तोड़ो पहले ! बाहर निकालो !

सब लोग दौड़कर विंग में जाते हैं।

सूत्रधार : दरवज्जा टूटि गयौ—

अन्य : उखरि गयौ—।

सूत्रधार : दो ऊपर बीस बाम्हन मिर गए, बाकी अधमरे होए गए, सब घसीट कैं बाहिर लाए गए—

कुछ लोगों को घसीटने और ले जाने का मूकाभिनय।

अन्य : बाहिर हवा में आए गए।

सूत्रधार : सरदार मानाजी राव फाँकड़े तैकीकात करत भए—पूँछत भए 'कुठरिया में कौन बैंड़ा ?'

अन्य : घासीराम कुतवाली बैंड़ा !

सूत्रधार : सरदार मानाजी राव फाँकड़ा,
वाकौ घासीराम सौं छत्तीस कौ आँकड़ा,
ताहि मिला नामी मौका, सो हरसाना—

अन्य : वाकौ तौ मिलि गयौ गुपुत खज़ाना !

सूत्रधार : वाने लेहास उठवाई, पेसवा कैं अगाड़ी डरवाई अरु कस्यौ, न्याव द्यौ ! घासीराम बाम्हनन कौं दम घोंटि के मारि दीन्हा ! गुन्हाय ?

अन्य : फल चुरायौ।

सूत्रधार : सिरीमान ! फल चुराए ताहि देहान्त की सजा ? जे कैसो न्याव ?

अन्य : अन्धेरनगरी को न्याव !

सूत्रधार : जे पेसवा कौ राज ?

अन्य : जे मुँगलन कौ राज !

सूत्रधार : राज कीकौ ? सिरीमान पेसवा कौ–

अन्य : नाएँ ! घासीराम कौ !

सूत्रधार : पेसवा कोप करयौ, नाना सौं सन्देसौ भिजवायौ–जा हालियत में होए, तुरतै, फौरन सैं पेसतर आओ–

अन्य : पै–

नाना थिरकता हुआ, धार्मिक विधियाँ करता और मन्त्र बुड़बुड़ाता हुआ मंच पर आता है। विंग की ओर उन्मुख होकर चिल्लाता है :

'हाँ-हाँ मिल गया। पूजा करके आते हैं। कह देना श्रीमान से–'

जनेऊ पर उँगली घुमाते हुए और मन्त्र पढ़ते हुए थिरककर दूसरे विंग में चला जाता है–और वहाँ पूजन में मग्न हो जाता है।

सूत्रधार : इतै पेसवा कौ परधान पूजा करै, उतै पेसवा बाट जोहै। परधान कबै आएगो ? सिगरे पूना सहर में खबर फैलि गई–।

कतार में खड़े लोग अधूरे-से शब्द धीमे सुर में एक-दूसरे को सुनाते-बताते हैं।

'दो ऊपर बीस', 'बाम्हन', 'घासीराम', 'मार डाला', 'गला घोंट के'।

ये आवाजें धीरे-धीरे शोर में बदल जाती हैं। क्रोध रोष में बदल जाता है। मुट्ठियाँ कस जाती हैं। कोलाहल।

सूत्रधार : पूना के बाम्हन कुपित भए–

अन्य : रुष्ट भए–।

सूत्रधार : दल के दल बनाए नानाजू की हवेली लौं जाए पोंचे–।

एक सिरे पर नाना, पूजा में मग्न, दूसरे सिरे पर कोलाहल। सूत्रधार दौड़कर नाना के पास पहुँचता है।

सूत्रधार : **(मुजरा करके)** सिरीमान, देखिए तो क्या हुआ, हवेली के सामने बाम्हनों की भीड़ इकट्ठा हो गई है, चिल्लाए रई है !

नाना : **(घबराकर)** क्-क्या ? च्-चीड़ चिल्ला रही है ? तुम क्या कर रहे हो ? हवेली के सब दरवाजे बन्द करा दो, पहरेदारों की तादाद बढ़ाओ, पहरेदारों की–!

सूत्रधार : बाम्हन गरम हो रए हैं सरकार, काबू में नहीं आ रए हैं। हवेली में घुसने के नारे लगा रहे हैं। हजारों हैं–!

नाना : ह्–हवेली में घुसने के–उनके घुसने न देना–!

सूत्रधार : संगीन मौका है हजूर–!

नाना : शतचंडी कराओ, महामृत्युंजय का जाप कराओ !

सूत्रधार : बाम्हन मानतेई नईं हैं– !

नाना : क्–क्या चाहते हैं ? क्या माँगते हैं ?

सूत्रधार : घासीराम कुतवाल के बध का हुकुम !

नाना : **(अब तक हालत तंग थी, यह सुनकर खुश हो जाता है।)** धत्तेरे की ! इत्ती-सी बात ? ला, कलम ला जल्दी से, और कागज–**(सामग्री हाथ में आते ही लिखकर)** यह लो, दे दो ब्राह्मणों को यह घसिए के वध का हुक्मनामा। कहना, सन्तुष्ट हों। और यह भी कह देना कि पहले भरपूर बेइज्जत करें। जाओ, भागो–

सूत्रधार दूसरे सिरे पर जाता है।

सूत्रधार : सहर पूना के बाम्हनो ? सुनना हो ! पेसवा के परधान सिरीमान नानासाहब फड़नवीस ने आपकी माँग कैं मुताबिक घासीराम कुतवाल के बध का हुकुम दिया है। घासीराम का सिर मूँडकर सिन्दूर छिड़का जाएगा। उसके बाद ऊँट पै उल्टा बिठाके जुलूस निकाला जाएगा, पसचात हाथी के पाँव से बाँधकर घुमवाया जाएगा और सबके अन्त में सूली पै चढ़ाया जाएगा। हुकुम पेशवा के परधान का कै घासीराम का एक हाथ बाँधकर भीड़ के बीच छोड़ दिया जाऽए—

कतार में खड़े लोग हर्षित होकर चिल्लाते हैं। दूसरे सिरे पर खड़ा नाना खुश है। भीड़ मृदंग की लय पर लौट जाती है।

नाना : काँटे से काँटा कढ़ेगा ससुर ! बहुत खूब ! जंजाल मिटा। यों, अब किस काम आने चला था हमारे !

थिरकता हुआ दूसरी ओर चला जाता है।

सूत्रधार : घासीराम का अन्त आए गयौ—

अन्य : **(बाहर आकर)** नीयत पै पाथर परि गयौ—।

सूत्रधार : घासीराम बाम्हनन कौं कुठरिया मैं बैंड़वे की कही—
वाकौं कछू और मालूमई नई—
बाम्हनन की हत्तिया कौं कलंक वाकैं माथैं—
पै घासीराम बाम्हन मारे नाहीं—
तऊ घासीराम की ठसक न टूटी—
रस्सी बरि गई पै ऐंठन न छूटी—
कोतवालन कौ ऐंसौंई हौवै करै।

घासीराम आता है।

घासीराम : कौन है वहाँ पहरे पर ? कौन है ? कोई है ? कहाँ मर गए सब हरामजादे !

सूत्रधार खाँसता हुआ, आँखें मलता हुआ आगे बढ़ता है।

: हरामी, क्या कर रहा था ? खोल, कोठरी का ताला खोल ! गुनहगारों को सामने ला, अभी करता हूँ फैसला। फल चुराते हैं !

आँखें मलता, खाँसता सूत्रधार जाता है, पल भर में घबराया हुआ-सा लौटता है।

सूत्रधार : हजूर, गजब हो गिया ! कोठरी का ताला टूट गिया !

घासीराम : क्या ऽ आ ? **(बहुत क्रुद्ध होकर)** बेवकूफ, तू क्या कर रहा था ? ताला किसने तोड़ा ? कैसे तोड़ा ? बता ! गुनहगार की चमड़ी उधेड़ता हूँ, मिर्च भरवाता हूँ, फाँसी देता हूँ–।

भीतर यकायक क्रुद्ध कोलाहल। भीड़ बाहर आती है और देखते-देखते घासीराम के सामने हिंस्र भाव से खड़ी हो जाती है। घासीराम समझ नहीं पाता। जबरदस्त शोर।

घासीराम : **(चिल्लाकर)** ठहरो ! खड़े रहो ! क्या बात है ? ये शोर क्यों ? हिलो मत !

भीड़ पल भर को जहाँ-की-तहाँ ठहर जाती है।

: वापिस जाओ ! जाओ, अपने-अपने घर जाओ ! जाओ, नहीं तो चीर के रख दूँगा तुमको !

भीड़ धीरे-धीरे, होशियारी से उसे घेरना शुरू कर देती है। घासीराम पीछे सरकता है। घिरे हुए जंगली जानवर के मानिन्द; और भीड़ उसे चारों ओर से पूरी तरह घेर लेती है। क्षण भर प्रचंड कोलाहल। घासीराम दिखाई नहीं पड़ता। भीड़ का गर्जन फेड-आऊट हो जाता है। पीठ करके खड़े लोग मुड़कर खड़े हो जाते हैं। ये हमेशा के कतारवाले हैं। घासीराम दिखाई नहीं पड़ता।

सूत्रधार : घासीराम कोतवाल घिरि गयौ रे–

अन्य : घिरि गयौ राम, घिरि गयौ रे—।

सूत्रधार : वाकौं बेदम मारयौ, वाकौं मूँड़ मुँड़ायौ, मूँड़ पै सिन्दूर छिरकायौ, ऊँट पै उल्टौ बाँधिकै जलूस कढ़वायौ, हाथी के पाँव सौं घसिकै घुमायौ। सिगरी पुन्ननगरी आँख भरि देख्यौ—

अन्य : देख्यौ राम देख्यौ, आँख भरिकैं देख्यौ—

सूत्रधार : अन्त में अन्तकाल आए गयौ—

एक हाथ बँधा घासीराम मंच पर आता है। पिटा हुआ, टुका हुआ, भयानक रूप, रक्त-रंजित।

सूत्रधार : एक हाथ बाँधिकै घासीराम कौं बाम्हनन आगैं छोरि दियौ—।

कतारवाले अब शिकारी की तरह घात लगाए हुए। हिंस्र पुकार और तदनुकूल मूकाभिनय।

घासीराम : म्मारो, म्मारो न ! हमको और मारो। पीटो हमको ! और मारो !

सिर को बाँह से ढँकता है जैसे पत्थर आ लगा हो।

: दूर से क्यों मारते हो कायरो, सामने से मारो ! स्साले, डरते हो ? धत्तेरे की ! आओ, आओ ! पास आके पत्थर मारो ! डरपुक्के स्साले ! असल बाप के हो तो पास आके मारो न ! देखो, एक हाथ बँधा है। फिर भी डरते हो ? मैदान में आओ और फिर फोड़ो मेरा सिर !

भीड़ का क्रुद्ध गर्जन।

: हम घासीराम ! घासीराम साँवलदास ! हमने तुमको रौंदा, पाँव से कुचला—मगर अपनी बेटी की फूल-सी ज़िन्दगानी मसल दी—मैं गुनहगार हूँ—मैंने गौरी का खून किया है—मुझे मारो ! मुझे पीटो ! और मारो, मुझे जिन्दा न छोड़ो ! आओ, सामने आओ, ये देखो, मैं यहीं खड़ा हूँ—बहुत खूब—बहुत अच्छे—!

भीड़ का गर्जन। ताशा-नगड़िया जोर से बज रही है। अकेला घासीराम मंच पर लड़खड़ाता हुआ, मौत की मार

खाता हुआ ताशा-नगड़िया के ताल पर घूमता है। गिर पड़ता है, उठता है, फिर गिर पड़ता है। जानवर की तरह चिल्लाता है, सरकता है, रेंगता है। औंधा हो जाता है। उठने की कोशिश करते-करते निढाल होकर पड़ा रह जाता है। यह एक प्रकार का डेथ-डांस है। भीड़ चिल्ला रही है। घासीराम निश्चेष्ट।

नाना आता है, पालकी में बैठा। हाथ हिलाकर भीड़ को शान्त करता है।

नाना : पुण्यपत्तन-निवासी नागरिको ! हमारी महान् नगरी पर छाया हुआ एक भयानक संकट आज टल चुका है। एक रोग मिट चुका है। आप सब लोगों को जिस नरकासुर ने लगातार परेशान किया, जीना दूभर कर दिया वो घासीराम कोतवाल, अब मर चुका है, वध हो चुका है। श्री गजराज की असीम अनुकम्पा से, दया से सब ठीक हुआ है। हम उनकी कृपा के हकदार हैं, वे बड़े दयालु हैं। इस पापी घासीराम की लाश को यहीं पड़ी रहने दो, सड़ने दो। गिद्धों को, कुत्तों को उसे चीथने दो। कीड़ों को खाने दो। उसकी लाश को जो उठाएगा, उसे सख्त सजा दी जाएगी। जो सूतक पालेगा, उसको सूली पर चढ़ा दिया जाएगा। घसिया साँवलदास के जो भी नाते-रिश्तेदार हैं, वे लोग जहाँ भी मिलेंगे, गिरफ्तार किए जाएँगे, उनको देश-निकाला दिया जाएगा। इस घसिए की तमाम जायदाद, रुपया-पैसा सब सरकारी खजाने में जमा कर दी गई है। हमारी पवित्र पुण्यनगरी में आज से उस पापी का नामोनिशान मिट जाएगा, हमने ऐसा ही बन्दोबस्त किया है। हम लोगों के लिए तो यह शुभ घटना है। इसलिए आज से, अभी से, तीन दिन तलक शहर पूना में जश्न मनाया जाए, उत्सव मनाया जाए। यह हमारी आज्ञा है–!

भीड़ हर्षित होकर चिल्लाती है।

फार्मेशन। लेजम, गुलाल। गुलाबी नाचती हुई आती हैं। नाना की बीवियाँ आती हैं। नाना उनके नाच में शामिल

हो जाता है। भीड़ नाचना शुरू कर देती है।

'श्री गजराज नर्तन करैं,
हम तो पूना के बाम्हन हरैं !
बाजै मृदंग चढ़ि रह्यौ रंग
तिरलोक दंग, तिरलोक दंग—
श्री गजराज—।'

(परदा)

●●●